天空逼仄，羽翼稀薄，我亦曾奋力飞过。

天生我才必有用

幼源

周晓 著

文匯出版社

目　录

B卷 我的博文

第一辑 生活

第二辑 心情

第三辑 作文

第四辑　公事

C卷　众所周知

第一辑　故旧印象

第二辑　周边观点

第三辑 媒体声音

开篇题词

不是我不明白

不是我不明白，这世界变化快

过去我不知什么是宽阔胸怀
过去我不知世界有很多奇怪
过去我幻想的未来可不是现在
现在才似乎清楚什么是未来

过去的所作所为我分不清好坏
过去的光阴流逝我记不清年代
我曾经认为简单的事情现在全不明白
我忽然感到眼前的世界并非我所在

二十多年来我好像只学会了忍耐
难怪姑娘们总是说我不实实在在

我强打起精神，从睡梦中醒来
可醒来才知这个世界变化真叫快

放眼看那座座高楼如同那稻麦
看眼前是人的海洋和交通的堵塞
我左看右看前看后看还是看不过来
这个这个那个那个越看越奇怪

过去我不知什么是宽阔胸怀
过去我不知世界有很多奇怪
过去我幻想的未来可不是现在
现在才似乎清楚什么是未来

不是我不明白，这世界变化快

【题记】

许多人都记得1989年10月崔健在浙江省体馆的一场演唱会，那天我和40多个杭大愤青们一起也组团在场，斯时斯景，至今不忘。在《不是我不明白》这首歌风行的年代，世界很小，日子不忙，我很简单，我是周晓。

我还在这里。其实我一直还在这里。

印象周郎
——《天生我才不想用》序言

旅加作家 高韵冽

周晓曾为我的《韵冽看风流》一书写过一篇题为《印象韵女郎》的序，笑言我尽找死无对证的奇女子评论，这次他把自己这个大活人当儿童节礼物送给我，实为考察我评论活人的能力。所以我决心还他一篇《印象周郎》的序。套用周晓在《印象韵女郎》中的话：韵韵只是想写了，于是就按自己的章法去写了，没有规范的东西写出来自然是信马由缰不按牌理欺负潜规则的。一篇序写得好看很要紧。写自己的序，让作者去郁闷吧。

周晓之人

周晓很聪明，很天才。据说只要考试总是第一名，除了会考试，他还会画画、会写歌、会设计服装、会做手工艺品……即使最差劲的英语，靠着有限的词汇量，他居然也能凑成押韵而感人的英文十四行诗，颇有莎士比亚的风格。智商这个东西，求不来，学不来，纯属运气。从这个角度讲，周晓比中了六合彩还幸运。

周晓很乖，很本分。他不烟不酒，没有不良嗜好。他最初的职业理想和最近的职业理想都是做大学老师，安稳过生活。常年做着 CEO 的周晓生活依然素淡，最放肆的生活不过在电影院连看一整天的电影，并且没有女伴。

周晓很善良，很慷慨。国家号召捐款，他捐；路遇可怜人，他捐；心情好心情不好都是捐款的理由，我称其为习惯性捐款。周晓送礼也是习惯性的，逢年过节生日庆典送，生人熟人送，有利益往来的送，萍水相逢的也送。周晓是真的把付出当享受的人。

周晓很努力，很拼命。具体情节参考《周晓熬夜报告》，此文很有代表性，真实反映周晓的日常生活。如果周晓的书出早一点，《杜拉拉升职记》根本卖不动，杜拉拉的辛苦与委屈跟周晓相比，好比徐静蕾和玛丽莲·梦露比胸围——不是一个档次。

聪明、安分、善良、努力、健康的周晓应该生活平静而幸福，但是他考上三次研究生，都因非智商原因读不完；“发财”三次，都因非挥霍原因破产；婚姻问题不好说，大家可以想象一下。

周晓做朋友，100 分。周晓做拍档，100 分。周晓做儿子、做弟弟、做舅舅，100 分。周晓做自己，可能不及格。

周晓之情

他总是事与愿违。阴差阳错读了不想读的专业，莫名其妙做了不喜欢做的生意，梦想 30 岁退休却在 40 岁时不得不继续埋头工作……

周晓能干的事太多。喜欢干的干得好，不喜欢干的也干得好，所以不能专注只做一件事。

周晓顾及的人太多。父母心要体恤，姐弟情要念及，朋友谊不能罔，邻居、同学、同事统统在他心里有位置，所以他不能干脆地照自己的心意做事。古人说，忠孝不能两全，而周晓，却想要四全五全。

周晓缺乏对名利的热望，或者说缺乏对目标的执著。当失去、或将要失去、或可能失去它们的时候，他总是轻易放下。

周晓更多地将人生体验作为生活的目标。所以他时常搞怪，也容易被搞怪，糊里糊涂吃亏占便宜的故事数不胜数。

一个照着古书中君子的规范做人，却天性浪漫、淡泊名利的人生活在当下，即使聪明、安分、善良、努力、健康如周晓，也只能活成周晓这样。江湖险恶，不错了啦。

周晓不是运气不好，他是“天生我才不想用”。

周晓之书

我们可以将周晓的博客集当做连续剧剧本看。周晓命运的跌宕起伏比任何连续剧都精彩，这是本书的一大看点，所有喜欢连续剧的观众都应该买一本。他兼任了自己生活的编剧、导演、主演加画外音，我认为中外演艺界尚无任何大师可以与他媲美。

周晓的文笔很多元，遮去作者名，可以充作50后、60后、70后、80后、90后作家，相信任何年代的文学爱好者都有可能与周晓产生共鸣，结成知音。

周晓的文字有点低调，有点忧伤，有点无奈。淡淡的伤感可以同时触动少女情怀和少妇情怀。所有喜欢三毛琼瑶曾轶可的各类女性都会喜欢周晓的文字。

其实，真实的周晓远比我形容的丰富得多。如果大家有兴趣，可以把他当做蝴蝶标本，透过他的书，将他放在阳光下、书桌上，仔细研究，有时候字缝里可以考据出很多传奇的故事，一定会有其他有趣的发现。我真诚地认为，华语世界至少一半以上的人会买周晓的书。

作为序，如果写成这样，应该给予及格。

2010 年 6 月 1 日

一笑而过
——《天生我才不想用》自序

共合网开通了博客站，我当然也就有个主页。计划从 2007 年 7 月 1 日开始，慢慢把自己的博客写厚。

城市很大，日子很忙。我很简单。我的博客该怎么写?

很多人说，博客主张我行我素为自己而写。不过就像唱卡拉 OK，见过一批抢话筒的麦霸没见过一个猛人独自去唱的，总觉得博客就是为了写给别人看的，不然为何贴上网去? 看了网上很多文章，一百个人就有一百种风格：有一种写法是工作日记，记录自己的似水流年酸甜苦辣，细心去让人体会；有一种写法是心情故事，用猎奇的煽情的感人的或者浪漫的经历，耐心来展示自己；还有一种写法是议论文，用锐利的思想和不凡的谈吐，创造一个极有个性的自我；还有写旅游的说美食的讲亲友的道名流的翻历史的摆照片的，等等。博客们是不怕作文课的，都写得很好，也写得很长。

我的博客，当然也是要让人看的。所以，第一天的博客，需要先说说自己，这就好像见人先递张名片，我想把一个干干净净的我放在网上。

我的工作很工蜂。住在钱塘江南岸，每天早上 7 点起床，梳洗烧吃看过早新闻，匆匆穿过整个杭州到石祥路上班；打开笔记本列出当日事，口述手批脚不点地，开会谈判巡查约访，忙碌的每一个白天过得总是很快，中饭可以不管，晚上也可排事，同时努力影响身边的人也带转忙起来；通常会在晚上 10 点左右回家，烧饭吃饭洗澡洗衣收发邮件转眼就过了 12 点，打起精神再看看书上上网听听歌，到个两三点左右便得入睡了。平常就是这样的一天，还有千里之外的出差、隔三差五的通宵……多年忙如推磨，自不怕忙，但是真的极不喜欢忙的日子。

我的理想是退休。十年来，我的理想或者说梦想就是早点退休。本以为可以很年少时就可以赚到够用的钱，狠狠地退休并且游遍名山，可以不用手机、不设闹钟、不必给业务员做思想工作；可以穿布鞋、画速写、看展览、写游记、开吉普车、进图书馆一呆一整天，到西班牙一住一个月……生小钟爱悠闲随风，可是直到现在，还在营营碌碌做事，开例会、做文案、看报表、谈业务、赶飞机……是呀，事业时时挑战，创新充满乐趣，工作丰富多彩，同事热情洋溢。只是很多年了，一直演着普罗米修斯，等不到一个代表可以休止的神谕，而就在这几年里，驴行兴起了、西藏通车了、雪茄普及了、出国方便了、私人会所开得比公共汽车还多、克勒生活的物质标准又拉了几个涨停板。我居然还在上班！

我的经历很无序。我像梦游一样地从各个城市一路走来，做过很多事情也换过很多职业，做过高校教师也画过广告牌和人行斑马线、做过房产投资管理也摆过馄饨水饺摊、做过期货国债也贩过香蕉西瓜。在我的年轮里，成败常常突如其来地快进拐弯，与人之间也是没有预兆地相识相离。快乐过，早已模糊了细节，平淡着，想不起何处发端。经常在收获的边缘遭遇失望，也常在悠闲的背后邂逅意外——未来总是不能预知其谜底，终于习惯了生活周期性变盘，所以逼得自己优雅状从容。所谓风来疏竹，风过而竹不留声；雁度寒潭，雁去而潭不留影。日子一笑而过，故事亦不复言，过去了就不回头看。

我的生活很简单。一般来说从星期一到星期天除了工作就是睡觉。略有闲暇时日，看看父母、逛逛书市、看场电影、参观书画展、吃碗刀削面，更无他事。生活本来就可从长篇小说省略成唐诗的。前几年已买了很多的四季服装，近年没有衣物购置需求了；定期到超市批量采购成品半成品食物，用最简洁的方式整治餐饮温饱；家具的重点诉求是容留足够的书架搁板，满足每周10 本左右的书籍增量；每个月大约开支两万元上下，个人消费的核心项目是手机费和交通费。比如上个月手机通信费 1800 多元、物管车位费 800 多元、买书购碟看电影 1400 多元、吃饭购物 3500 多元、水电煤气费 300 多元、加油停车费 1600 多元，加上每月一两次和父母姐姐的家庭聚会 5000 元左右、每月随心做点好事捐款资助 5000 元左右；不抽烟品酒喝茶吃农家菜，不登山游泳度假打高尔夫，没有酒会派对同学会，没有泡吧桑拿麻将网络游戏。手紧的时候，我还可以不买书报、足不出户和少吃几顿……确实觉得自己是一个很好养的男人。

我的习性很布衣。不换手机也不看韩剧类电视剧，不做健身也不集邮票收古董，不喜与人谈心，不擅请客送礼，从小英语很差，一贯辞令平庸，一如晚清遗老似的珍藏着中学时的校徽和大学里的书信，喜欢林徽因一样的女子，喜欢钱锺书式的自由，喜欢为善助人，喜欢收拾房间，喜欢亦舒的小说和《水浒全传》，喜欢崔健的慢歌和孙燕姿的表情，喜欢看《武林外传》类轻松古装剧和大场面的战争灾难片，喜欢厚实的别克车，喜欢好莱坞老电影，喜欢五星级酒店的大堂气势，喜欢在高楼上看城市风景，喜欢拿着塞满钱的钱包的手感，喜欢拌了豆腐乳的稀饭的口味……我应该生活在明朝弘治年间，做一个书生，守几亩薄田。

我的心情很平淡。最开心时不过笑笑，最生气时不过高声，最苦恼时不过沉默，最伤感时不过睡觉。家里不装电话，QQ没有好友，打开电脑只在MSN上静静挂着，浏览着别人的心情，莲花次第开放，周郎寂然无声，很久以来世界已经离我太远了，心情常如《人民日报》社论四平八稳。常在下班时候路过南山路，车窗外微风吹来浪漫的气息，新化装的西湖之滨依稀人头涌动；在都市的灯红酒绿里，所有的女孩似乎都有着同样精致的脸，她们看每个男人的眼神也都一般的慵懒；不是所有的男人都可以找到回家的路，他们通过买单换得高调的角色和充实的夜。这时候我清晰感知人的距离和心态的差异。而每逢深夜安安静静地回家，时间和空间就都是我自己的了，掩上门调暗灯光，在自己的家里书架上取一本书，坐在一张茄子造型的躺椅上，一边看书一边信手吃点东西，两个皮蛋或者一包榨菜都可以。这时候我静静坐着，感觉就是一个君王。

是不是命运有一个秘密的程序，推动着日子这样一天天地过去，我在这个程序运行的同时，变成记录、变成历史、变成中年人，年轮的痕迹随风而逝，光阴的故事一笑而过。

此身只合江湖老。

【作者附记】

本文是2007年7月4日周晓博客开博时的第一篇。此处借用作为本书的自序，亦当贴切。只是数年过去，这个世界和作者的情况又已经发生了不少变化。

共合网在2007年6月6日对外开通以来，起初一段时间的日访问量不过百人，热闹时也不过三五百。主要是为了提升网站的点击率，也为了让员工多个发泄个性浪费精力的窗口，7月1日起开辟了共合博客专区。随后网站点击量陡然飙升到了日均5000以上，最高纪录是日访问量54569，都快赶上小一点的网络游戏了。期间周晓一人分用6个网名开博，写的博客量占了共合博客专区总量的一半以上，着实花了不少时间和精力。后来因其博客受关注程度远超共合网官网，渐有本末倒置的负面作用，而一站之主整天做小资酸儒状也是不太得体，故2008年下半年起慢慢就不写了。

承蒙文汇出版社青睐，有机会把一个阶段的博客编册出版，这本书与其说是博客作品的文采汇集，不如说是图谋展示在大变革时代下一个微生物个体的多元生活侧面，努力做到尽量白描一个周晓、尽量忠实生活原状。有的人可以看个稀奇，有的人不由勾起感慨，有的人能够会心一笑。

这本书的题目叫《天生我才不想用》，题目是我自己起的，我自己理解的意思是一个人天生的无所谓脾气，就那点水平，自己还不太努力，一心过着自己的小日子，不管过得好过得差都心不在焉自得其乐；不过别人看了题目，可能会理解为一个人天生其才，比较任性，好像老喜欢和命运赌气过不去，就是不打算正常发挥，这样理解也不错啊，听起来挺有个性的。

感谢文汇出版社的出版机会，感谢众多朋友费心帮忙，感谢丫丫热情帮我打字，特别感谢八旬老父为我的这本闲书题写书名，他总是盼望我出些有点学术含量的作品。当然，更要感谢所有肯看这本书的人。

A卷　我是周晓

第一辑　年谱

第二辑　自述

第三辑　揭晓

第一辑 年谱

——图文白描周晓的二十年历史

1989 年初夏。当年周晓。

1989 年 7 月 31 日，是我正式报到上班的第一天。昨天还是学生，今天已是老师。是时正逢学校暑假，报个到之后，也就无所事事了，逛到杭州大厦环北小商品市场门口，巧遇同样无所事事且还没有找到工作的陆蕴文正拿着一个相机瞎拍街景。于是也给我拍了这张照片，有点历史上的一刻的味道。——那时候的我，就是这个样子的。

【第零年】1989年

照片一：毕业了。

生逢特别岁月，百感交集时分。1989年6月25日上午，一个人在武林广场发了一阵呆。广场又变成干干净净整整齐齐。很多事情仿佛从来没有发生过。我穿着和我第一天到杭州同样的衣服，摆着同样的姿势，让同一个拍照摊的人照了这一张毕业纪念照。

照片二：同学们。

毕业前班里同学组织到九溪玩了一次。其后一个月里，踩着三轮车到火车站汽车站送走每个同学，我留在了学校。（后一条船头上举着桨作势打人的那个是我）

【第壹年】1990年

照片一：太湖边。

那年骑车漫游了浙江77个城市。这是傍晚到了湖州夹浦的野太湖畔。（穿牛仔裤的那个背影是我）

照片二：仙华山。

下放农村锻炼，到浦江县大许乡徐村参加路教工作组。（中间是我）

【第贰年】1991 年

照片一：足球赛。

年轻时很喜欢踢足球，水平一般，号召力很强，球队中我总是队长总踢后卫。一次溜到学生堆里和愣头青们踢球，被大四的王志勇踢到眼眶，当时就满脸是血抬到医务室缝了五针。那时觉得没瞎就没事，脸上多一点伤疤不赖。（右边跳起来的那个是我）

照片二：艺术团。

当时我是小品组领队。本图是在平湖乍浦九龙山走穴巡演中的合影。图中绝大多数学生都不当我是老师，没大没小。（最左边的人是我，还有左二、左三，我们三个是带队老师）

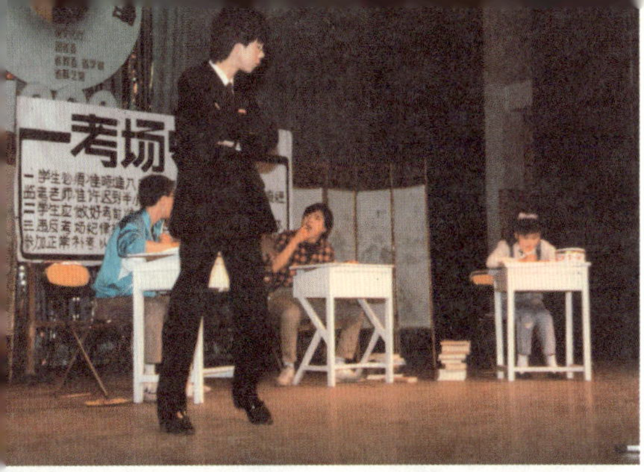

【第叁年】1992 年

照片一：大学生话剧小品赛。

这场戏的领队和舞台监督是黄琪老师，编剧导演布景道具拟音伴奏都是我，同时我还冒充学生客串主演：演一个监考老师。获得了首届大学生话剧艺术比赛一等奖。（中间穿黑西装的是我）

照片二：业余画点广告牌赚外快。

1992 年的一个寒假靠画广告牌赚了 300 元，相当于 6 个月工资。教师收入实在太清贫，不靠乱七八糟地到处赚点小钱是活不下来的。相对那年头很多老师在不着边地倒彩电钢材，我赚得算很有品位的。

【第肆年】1993 年

照片一：非著名主持。

年初陪朋友考电台主持人，结果朋友落榜我入行。受聘浙江人民广播电台，每周日上午做一档《假日大观园》。成了兼职艺人，有时也到处客串当晚会主持，只要能上台不在乎档次。这次是在杭师院广播台办的一个活动上。（男的是我）

照片二：办公室同事。

杭大单位搞活动参观新落成的丝绸博物馆，这是一群非常照顾我的前辈老师，他们有点欣赏我的自在，甚至纵容我的另类，经常允许我穿拖鞋上班，开会睡觉和带一群学生到办公室开座谈会，我被特许可以不按牌理出牌。大家对我都是真好。（我在左五，穿一件在龙翔桥用 25 元买来的白色西便装）

【第伍年】1994 年

照片一：第一次杭州年夜饭。

1994 年，全家第一次在杭州过年。我家成了杭州新移民，从此再也没有回老家过年的习惯性动作了。这年年夜饭是我和大姐合作制造的：她负责热菜，我负责冷菜。次日我就独自去了长沙旅游。

照片二：校园生活的最后一瞥。

那时杭大每年都会由韩美琳老师拍一些校园环境照片制成明信片。离开学校那天，在物理系门口被他叫住充路人摆拍。这是我在校园里的最后一张留影。从此流落江湖。（淡蓝裙子女生后面的那个一点点大的戴眼镜的人影是我）

【第陆年】1995 年

照片一：淳安。于谦墓。

为纪念研究生肄业的决定。跑到千岛湖玩了几天。很奇怪，毕业六七年了，这时拍出的照片反而特别像大学生。可能是校园生活神态的回光返照吧。

照片二：黄山。莲花峰。

这次窜过去玩是为了排遣做期货破产的郁闷。印象中应该是神色凄然如丧家之犬的，现在看看照片好像当时精神也还比较开朗的嘛。纳闷。

【第柒年】1996年

照片一：上海鲁迅公园。一个技术民工。

我住在大连西路上外校门口附近的一个阁楼里。当时职业是画斑马线。后来开始到肇家浜路香山钢材市场卖螺纹钢。每天晚上，我要么在上外操场看大学生踢足球，要么在高架下听建筑工讲故事。

照片二：厦门银河大厦。一个人的世界。

我住在厦禾路附近银河大厦的建筑工地上。当时职业是工地夜班。每天傍晚是我比较幸福的时候，可以出去走走，每天控制自己只花十元钱，买点喜欢的书报杂志。

【第捌年】1997 年

照片一：漫游。

在西南三省游荡了很长一段时间，这是一个生活格式化的过程，慢慢清空大脑的内存。以便重新启动。这年重庆刚刚建市。照片背景是重庆人民大会堂。

照片二：蛰居。

在古荡湾小区租了一个 12 平方米的房间，其实就是楼梯底下啦。这是自己的空间。床有帐，门有锁，每天都可以一个人舒舒服服安安静静地睡个好觉，生活又开始正常起来了。

【第玖年】1998年

照片一：我还活着。

这一年从年头到年尾尝试了很多事情，有时候很累，有些事不值，当然也确实有的事情能赚一点钱。这一年有很多巧事和机遇，有的无法解释，有的不可思议，当然也确实经常遇到帮我的好人。

照片二：我回来了。

冬天。杭州孤山。风景没有明显变化的痕迹，我不再年轻。

【第拾年】1999 年

照片一：丽江。流连纳西风情。

照片二：乐山。蜗居大佛之畔。

【第拾壹年】2000 年

照片三：杭州。世贸中心开研讨会。

照片四：上海。金茂大厦喝下午茶。

【第拾贰年】2001年

照片一：昆明。谈完了业务机场候机。

照片二：衢州。乌溪江电站景区现场。

【第拾叁年】2002年

照片一：建德千岛湖。盛夏漂流，带领员工探看环湖公路工地。

照片二：南京灵谷祠。五一七天，自驾小别克车凭吊一路史迹。

【第拾肆年】2003 年

照片一：茶博傣竹楼。金秋问茶，在昏沉沉的火塘边泡一个下午。

照片二：龙井双峰村。早春访友，在胡小军的陶窑里过一个周末。

【第拾伍年】2004 年

照片一：沉迷大理背包客酒吧。

照片二：相遇青海小昭寺高僧。

【第拾陆年】2005年

照片一：丛林。拍摄嘉禾电子广告外景。

照片二：模特。客串吉瑞服装品牌模特。

【第拾柒年】2006年

照片一：我在办公室。这张办公桌也是我晚上睡觉的床。

照片二：早期共合网。为网站新版开通全体员工在加班。

【第拾捌年】2007 年

照片一：迪拜。租辆出租车盲目自驾游。

照片二：吉隆坡。在酒店专心练习自拍。

【第拾玖年】2008 年

照片一：加德满都。做了很多准备想登珠峰，可是第一天就摔伤了腿。

照片二：绿中海。休闲到第七天，无聊得把所有房号都填成了金色。

【第贰拾年】2009年

照片一：济州岛。游荡在韩国的空气中，还盼望着明年退休。

照片二：魁北克。懒散在北美的晴天下，不打算再写博客了。

2010 年晚春。现在的我。

2010 年 5 月 30 日。周晓摄于杭州西泠印社。

常想象如我这样的人，应该生活在明朝弘治年间，做一个书生，守几亩薄田。对明朝中叶有莫名其妙的神往。

时间不语，岁月如歌。

第二辑 自述

1. 四郎心声
2. 我的求职书

2006-11-02 | By：周晓 | From：2006年11月2日《都市快报》春晖堂专题报导专版

四郎心声
——谨以四年前此文代自述

1. 我叫四郎。我家是个典型的书香门第。

四郎只是一个普通人，认真做事，本分处世，生活简单，平素不争，常怀感恩之心，素愿善良行孝。没有特别亮点和传奇。四郎家中排行居四，上有三个姐姐。四郎早年浙江大学毕业后留校工作数年，1994年离职经商，先后从事广告、房地产和网络数个行业。现在杭州某知名网站任职高管。

外公原先是教师，在抗日战争时投笔从戎，征战中失去音讯；外婆年轻时曾只身天涯寻夫不果，自此终身守寡带大了我的母亲。解放后，母亲也当了小学教师，好像从前父亲总是出差，同样几乎是母亲独立带大了我们姐弟四个。记忆中的外婆和母亲神情很相像。

我奶奶是一个县级优秀教师，出身大家，却自愿在山村教书一生，而我父亲也因此在深山长大。我父亲是一个美术教师，并且是母亲的老师。父亲一生钟爱山水，数年前还曾带着母亲到儿时的山村住了几个月。

大姐曾经很艰苦地插队多年；姐夫大学毕业后分到杭州当了大学教师，后来大姐也调到杭州当了小学教师；这样我们一家陆续迁到了杭州。二姐是中学教师。我也曾经在大学里工作了六年。

2. 教师之家。一家乐于在清贫中平凡生活。

小时候我们家很困难，最艰难时是靠母亲每月的 8 元工资养 8 口人。那些年似乎母亲常常流泪，印象最深的一次是大暴雨之夜，母亲哭着背三姐上医院；一次是我读小学时，母亲流着泪出门借钱，为我筹 4 元学费；还有一次是下大雨屋里漏水，连床都漂到了院子里。小时候年年除夕，我家都是炖一锅鸡就算过年。

小时候我们家也很温馨，那时社会上乱，我们都不大出门，父亲整天和我讲典故比对联，母亲天天要大家背唐诗；电视里播《上海滩》，三个姐姐就一起记歌词学唱主题歌；冬天到了，我们就起火盆烤年糕。我们家里还养了30多只鸡鸭，至今怀念当时的热闹。

3. 父母渐渐老了。母亲忽然得了病。

1987年，家里分到了一套40平方米的房子，搬家时我收到了大学录取通知书。那天晚上，父亲母亲和我几乎聊了一整夜。父亲说，我们家真的有运气，喜事成了双。母亲说，现在日子过得这么好，我已经很满足了。我说，等我工作了，一切还会更好。父母都说，好呀，就等你了。

1995年，我辞去公职混迹商场，自此十多年来常在外地，渐成浪子。父母也从此一直为我日夜揪心。我的婚事成了母亲每天的念叨。也就在这几年里，我们渐渐发现母亲开始有了语言障碍，从唠叨而凌乱而沉默，终于发现她得了老年痴呆症。据说太操心的人易得此病，无法治愈，只有尽量控制。

母亲在她有意识的最后阶段，还能吐出的最后几个词是“晓晓”、“结婚”、“孩子”，我们全家都明白她的意思，我当然也明白的。有一晚，母亲忽然推开我的卧室门，坐在我的床前，分明想说话却牙牙张口什么也说不出来，就这样一直抓着我的手一直流着泪。谁知此后母亲就进入了深度的老年痴呆症，从此一直孩子般微笑着，却完全了无意识。父亲说，她是带着最美好的记忆进入自闭状态，至少对于她自己是快乐的，这样也好。母亲今年 74 岁，每天闭着眼坐在轮椅上，沉浸在她自己的世界里。

父亲是个知名画家，原本从来甩手不理人间事，如今为了要照顾母亲，画画当然就丢荒了，近 70 岁时才开始结缘柴米油盐、煤气电费。每次热情喊我们子女吃饭，尝他烧的菜，不是豆腐就是炒蛋，不是太淡就是奇咸。父亲开始写日记，天天写，天天和母亲说话念日记。那年春天我陪父亲游了泰山，他在山顶兴奋如返老还童，却记挂着要赶紧回杭州，担心保姆一个人照顾不了母亲，担心母亲每天听不到父亲的声音会害怕。父亲今年 78 岁，因常年在家照顾母亲，与外界几乎完全隔绝，应该是很孤独的。

4. 一台电脑改变了父亲。我做了一个春晖堂网站。

后来，我给父亲买了一台电脑，父亲老了，真的不方便出门看世界了，那我就把世界搬回家。没想到这台电脑让父亲似乎焕发了青春，他对电脑里的任何东西都感兴趣，对上网的热情更是不可思议。对于电脑，父亲什么都想学，却什么都难学。我教了一阵子，就想到索性为父亲做一个特别的网站，这个网站就是要帮助老人轻松用电脑上网。我想做到一开机，QQ视屏聊天就开了，喜欢看的电影戏曲就可随意点开，国内外的风景能轻松浏览，一批常用网站自动打开，通过电脑使父亲和我们几个子女、和他的亲朋老友随时相见，还可以常交新友。网站取名“春晖堂”，就算是子女在重阳节的一点孝心了。试用网站，得心应手，父亲非常高兴。

其实，“春晖堂”这个网站从技术上毫无新奇之处，各种所谓自动功能都是需要子女为父母一一预先安装好的，还要手把手地教会家中老人。网站我还会改进，尽孝却要即时启动了。孔子说“老吾老以及人之老”，人人皆有父母，人人也将为人父母。世界变得太快，家人都是孤独的，有些话想说就要马上说出来，有些事想做就要尽快做掉去。“春晖堂”是我献给父亲的个人礼物，也是奉献给天下父母的共同礼物，用一台电脑，借一个网站，捧一片亲情，献一分孝心，为人子女者，我们都可以试试。

春晖堂是一个体现天伦之乐、表达亲情孝心的网站。这是专为老一辈人定做的上网入口。春晖堂的特点是简单易用，力求用最少的步骤，实现最简单的上网。春晖堂有三个心愿：第一，希望让老人通过这个网站，可以用电脑、上网络、接触缤纷世界、充实幸福生活。第二，希望为人子女者，通过这个网站为自己的父母尽一分孝心，让每个家庭亲情依依，快乐融融。第三，这个世界已经太纷扰烦复，希望这个网站还能带起一分出世的洒脱逍遥，若能多一点天伦同堂，儿女承欢，那是人生中最大的幸福，我们都要用心感受。

前几天，翻到了一张父母年轻时的合影，叹息不已：原来早年母亲竟是那么美丽很像林徽因，原来我的眉眼神色又是那么像极了父亲。他们都曾如此年轻过，而岁月恍惚，顷刻便将容颜洗去，使物事唏嘘。对于父亲，我想让他感到一种幸福，我希望这个网站起到增加幸福指数的作用；对于母亲，我有许多话想对她说，我想知道她现在幸福吗、还需要什么吗、知道儿子就在身边声声呼唤吗？可惜她现在已经听不进去了。我很难过。

I LOVE MY FATHER MATHER FOREVER! 这是春晖堂的网址，也是每个人应该及时和经常对父母说的心里话：我爱我的父亲母亲天长地久！

【画外音】

本文原登2006年11月2日《都市快报》。当时快报和绿盛联合我的春晖堂网站举办爱心感恩活动，报社说需要我做个自传性的东西，兼带介绍一下春晖堂。当时觉得报着真名标榜自己，下笔实在有点不自然，临时起意化名“四郎”，家中排行第四，故如是。名字顺口编的，事情都是真的。

我的求职书

——谨以二十年前此文代自介

尊敬的用人单位领导：

首先，感谢您百忙之中阅读我的求职资料。

周晓。杭州大学89届历史专修科应届毕业生。我来自衢州。身高176CM，体重63KG，双眼矫正视力1.5，外貌端正，性格开朗，身体强健。我希望在以下七个方面向贵单位介绍我自己，使贵单位可以了解我的情况，客观做出对我的人的判断和对我的求职的回应：

第一，在品德方面。我出身贫寒教师之家，有朴素的感谢祖国培养和感恩社会支持之心，平素作风正派，为人善良，处世认真，富有爱心和高度的社会责任感。在毕业来临之际，我已经充分调整好心态，在未来的就职单位恪尽本职，报效国家。做一个合格的、光彩的社会主义公民。我曾经获得 1988 年杭州大学校级大学生思想品德标兵，1989 年曾因山林救火获杭州市政府颁发的见义勇为奖；1987 年、1988 年、1989 年每年参加义务献血，平时注重参加社会公益活动，利用奖学金每年资助 3 名贫困地区学生的学费，发起组织为“希望工程”义演捐款的大学生文艺晚会和在杭大学生向台风灾区家乡的捐赠行动。

而当我离开校园走上工作岗位，我也许依然珍惜自己的健康阳光，我一定会延续作为莘莘学子的赤子之心和善良之行，但我将用更严格的成人标准衡量自己，把社会当一面镜子，用表里如一的面貌照出高尚的灵魂。

第二，在学业方面。我非常热爱自己的专业，参加所有本科课程学习和毕业考试合格取得本科同等学力；同时对相关学科也能兼收并蓄，出于对未来社会可能需要的知识技术，我还主动选修和旁听了书法、图书馆档案学、文秘、社会主义哲学、社会心理学、大众传播学等 12 门跨学科、跨系甚至跨校的本科、研究生课程。整个大学期间，我的专业课成绩总平均分达到了 94.2

分，是杭州大学本届毕业生的专业成绩总平分第一名。我能在学习上严格要求自己，自始至终保持全年级第一名的成绩，每年均获得一等奖学金。在国家级刊物发表历史论文 2 篇，在省级刊物发表历史论文 7 篇，在老师指导下参加学术课题项目研究并与老师合作撰写了学术专著 1 本。

而当我离开校园走上工作岗位，我也许依然渴求知识、追求第一，我一定会延续作为学生的敬畏知识和痴迷学术，但我将看淡书本成绩，把工作当一份试卷，用对完美几乎病态的追求填出一张出色的答卷。

第三，在能力方面。我有较强的社会活动能力、组织管理能力和人际关系能力。在进校第 10 天就破格担任了学生会副主席，在任期内尽责努力，获得了老师同学的一致好评，组织举办了两届大学生艺术节和多项大学生社会实践活动。1988 年、1989 年连续获得省级优秀学生干部称号，浙江省大学生暑期社会实践活动组织一等奖；1989 年荣获杭州大学品学兼优人才称号；1989 年获评浙江省大学生省级优秀毕业生。

而当我离开校园走上工作岗位，我也许依然在乎鲜花、渴望荣誉，我一定会延续在学校里的激情和上进心，但我将立即忘掉曾经的所有鲜花和荣誉，把自己当一张白纸，全力以赴地重新描画一幅优美的新图。

第四，在专长方面。我积极做到德智体全面发展。我具备多方面的才能和特长：擅长美术书法，为中国硬笔书法协会会员，曾经出版画册和两次举办个人书画展，有作品获得多项全国、省级奖项和获选成为出国交流艺术品；爱好文学，为衢州市作家协会会员，有多篇作品刊登在《文汇报》、《辽宁青年》等报纸杂志，诗歌散文入选杭州市湖畔诗社并出版过个人诗集，担任杭州大学青年学会、晨钟诗社、美工团、艺术团、武术队等 5 个学生社团的会长、副会长；普通话标准，擅长演讲朗诵，获得过浙江省首届大学生辩论赛最佳辩手和校演讲、朗诵、辩论赛等各项赛事的一等奖，同时也曾获省大学生文艺汇演话剧小品一等奖，担任系足球队长，获得多项校体育比赛优良名次，体育达标成绩优秀并达到国家三级运动员标准。

而当我离开校园走上工作岗位，我也许依然自豪我曾有的众多专长和奖项，我一定会延续在学生时代形成的良好悟性和学习能力，但我将迅速转型，将个人的兴趣作为业余的爱好，迅速适应新的环境和本职工作的要求，干一行，爱一行，干好一行。

第五，在敬业方面。乐观勤奋，热爱劳动，积极肯干，勇担责任。我能吃苦耐劳也能科学安排工作任务，我能听从组织安排也能充分发挥个人主观能动性；特别善于接受具有挑战性的任务，在实践中敏锐发现问题和高效解决问题。崇尚踏实做事、从小事做起，生性言行并重，平生一诺千金。

第六，在理想方面。常说不想当元帅的士兵不是好士兵。可是我目前的理想并不想当一个万众瞩目的元帅。也许这是一个缺点，但我是立足我的性格和个人风格而制定理想的。我希望自己在工作岗位上做一个优秀的士兵和胜任的助手，我渴望工作，急切等待在工作中充实地稳定成长、精心地完成任务、平和地发展事业。如果未来我已经成长成为一个元帅的人选，那是我的工作单位信任我培育我和改变了我，到那时我也会提升自己，按元帅的要求来要求自己并做个合格的好元帅。但是我会在相当长的阶段提醒自己：目前，我是来这个单位当兵的，首先要做一个好兵。

第七，谈谈我的职位要求。求职是求，但求亦有道。作为一个初出茅庐的应届毕业的学生，我深知我的社会工作能力尚且很浅很浅，我的实际工作水平尚且很低很低。所以我决然不会有任何对工作岗位安排的条件要求。但是，我需要坦率提出的最大要求是：贵单位要我，就要用我。给我机会考验我发挥我锤炼我，我不能清闲不想混日子，我要工作，我要充实而有价值的工作。士为知己者死节，我为悦己者效命。给我一个工作岗位，我会还贵单位一个一心扑在工作上的好同志。

最后，还希望贵单位能够接受我一个诚挚的请求：如果最终权衡，我不适合您需要的岗位或我不符合您用人的条件，我依然感谢您的关注，同时希望您能在我提交贵公司的推荐书上加一段评语或说明归还给我，使我有机会通过本次求职经历得到精到事业指导，我会用心改进自己，以后做到更好。

再次深深感谢您。期待您的回音。您的回复将影响我的一生。谢谢。

周 晓

1989.3.23

【推荐评语】

该生在学生会工作出色，富有创造性，成绩显著，人品道德号召力强，获得师生广泛的好评。

该生学习勤奋，学业优秀，各科成绩总评为年级第一名，每年均获杭州大学一等奖学金，并能灵活运用所学知识，创造学术成果。

该生智能发展全面，兴趣爱好广泛，有美术、书法、文学、音乐、艺术等方面的特点，为校系赢得了多个奖项荣誉。积极参加各种社会活动，有较强的社交、组织能力和号召力。体育方面也很活跃。

该生是一个品学兼优的学生。根据周晓同学的表现和能力，我们认为他在行政、教育、新闻、文艺等单位工作是非常合适的。我们证明他本人的自荐信情况是真实的。特此推荐。

杭州大学历史系

1989 年 3 月 23 日

【补白】

周晓在大学里的各科成绩记录：世界古代中世纪史 91、世界近代史 97、世界现代史 99、中国古代史 97、中国近代史 98、中国现代史 100、浙江古代史 88、浙江地方史 95、中国历史文选 99、史学概论 94、社会主义建设基本问题 95、教学法 100、教育学 96、大学语文 94、档案管理学 96、大学英语 55、大学体育 95——英语一贯地寒碜，其他大部分已是骇人听闻的接近满分了，真不知道当时那么自虐地浪费生命去背书是靠吃什么撑的。

那时我的成绩是真的好到变态，尽管这些学问实际没太大用处。读史虽然没有使我特别明智，读出一份优秀的成绩单，已经成为我后数十年支撑自己心态平衡的精神胜利鸦片——后面虽然没啥好说，开头我也曾赢在了起跑线上的！

本文是当时我的《大学生毕业就职推荐信》中的自我介绍部分，我和所有毕业生有一样的心情，在自我介绍中竭尽自夸之能事，然后校系推荐评语再拔高了加把温。我这篇介绍还是很花了一点心思创作的，有很多小市民式的谦卑和老农民式的狡猾藏在字里行间，自觉还挺别致的。不过这个东东后来也没有用上——毕业后留校了。

第三辑 揭晓

1. 家常的周晓
2. 矛盾的周晓
3. 特别的周晓
4. 神奇的周晓
5. 杯具的周晓
6. 快乐的周晓

家常的周晓

2008-06-04 | By：周晓 | From：〖腾讯网〗周晓QQ空间基本资料

基本资料

姓名：周晓

性别：男

生日：2 月 10 日

血型：O 型

星座：水瓶座

生肖：大年初一羊猴之间

身高：1989 年 176 厘米 / 2009 年 174 厘米

体重：1989 年 63 公斤 / 2009 年 78 公斤

户籍：1989 年前祖籍衢州 / 2009 年户籍杭州

毕业学校：毕业时是杭州大学 / 现在杭州大学已并入浙江大学

主修专业：历史

学习经历

艺专：二轻美专退学

专科：历史专科毕业 / 历史学本科同等学力毕业

本科：外语专升本毕业 / 法学本科肄业 / 新闻学本科肄业

硕士：中国现代史肄业 / 民国经济史辍学 / 国际关系史辍学

职业变迁

学生→教工→期货→广告→房产→投资管理→新媒体→金融服务平台

博客网名

搜狐网：共合网周晓的博客

新浪网：雨夜飞车的博客 / 一笑而过的博客

腾讯网：周晓 / 周郎的空间

铁血网：workman / 笑忘书

天涯论坛：一笑而过 / 宁才神 / 周郎

百度贴吧：一笑而过 / 韩寒 2 / 百晓生

共合博客：周晓 / 雨夜飞车 / 笑忘书 / 一笑而过 / 慕容复 / 周郎

矛盾的周晓

2006-08-12 | By：一笑而过 | From：『天涯论坛』，原帖名《矛盾论》，有删节

性格矛盾第一奇

为人简单。做事偏执。

内心安静。行动快疾。

举止斯文。性情狂热。

善于表达。疏于社交。

不屑上进。老争闲气。

善良心软。暴躁易怒。

思想矛盾第二奇

妇人之仁。无名之火。

得失不计较。喜怒形于色。

小处非常聪明。大事极其糊涂。

知书达理，善解人意，性格温和重信守诺。

暴食暴饮，随心所欲，性情放纵不知节制。

行为矛盾第三奇

听歌喜闻蓝调。唱歌只唱摇滚。

读书钻古书堆。作文仿八零后。

说话肆无忌惮。做事委曲求全。

赚钱辛苦如农民工。花费撒泼似富二代。

离群索居如修道士。人来自熟似孙悟空。

际遇矛盾第四奇

永远缺钱。动辄发财。

白天忙得要死。半夜空得要命。

总被老朋友算计。常得陌生人支持。

超强性的考试能力。习惯性的退学现象。

碰得到不可思议的机会。出得了不合常理的意外。

特别的周晓

2007-08-02 | By：周郎 | From：【腾讯网】，原帖名《似水无痕（之一）》

周晓嗜书成瘾。基本上每个星期平均购书 10 本以上。二十年来家中购存藏书近 2 万本，仅按原价估算，其购书投资总额已在 50 万元以上。周晓的阅读时间主要是在四大领域：边走路边看书、边吃饭边看书、睡觉前看书、上厕所看书，这些看书习惯从小坚持到现在，难能可贵。

周晓从来不喝酒、不抽烟、不喝茶，极不讲究饮食享受。酷爱稀饭，最喜欢的食品是榨菜、豆腐乳和皮蛋，曾经买了 5 箱共 150 包方便面，并且是同一种牌子和同一种口味的方便面，连续吃了两个月。平时经常仅以白开水泡饭加榨菜度日，没有榨菜就光吃白饭，而要是没有白饭，光白开水泡榨菜，也行。

周晓是公认的足球迷，从 1982 年西班牙世界杯开始，没有错过每一届世界杯足球赛的每一场比赛。每逢世界杯开赛，都是停止一切事务以看球为主，这也导致了周晓每满四年世界杯球赛结束，就必须要换一个工作单位甚至换一个行业从头再来。

周晓乐于慈善公益，有一段时间同时资助着 6 个贫困学生，多次为中小学捐助图书馆、在高校设立奖学金、积极参加抗震救灾募捐等公益活动；连参加舞会也总是热情邀请被冷落在角落里的胖妹丑女，如是招惹常承蒙错爱再百般逃脱反而更伤了人心；周晓有时疯狂助人到了令人发指的地步，曾有同学因向女友赠送生日礼物缺启动资金，周晓当即去卖了 400CC 的血。

周晓向来藐视人体生理规律，体现在睡觉方面尤甚：没有到了几点应该睡觉的观念而是有了浓重睡意才睡，然而通常每天要见到曙光才有睡意。周晓的睡觉方式是困了就躺下去醒了就爬起来。有时早上六七点还困不起来，晚上六七点又突然困了；有时三天一困，有时一天要睡个三四次，通常白天很困就到电影院睡一两场电影的时间，种种诡异不一二论。

【旁白】

有个朋友非常感慨地说，像我这种类型的人只可远观不可亵玩，不如唐僧又好看又好玩又好吃；朋友的妈妈非常担忧地说，愿意和我结婚的女人是很不容易的，肯定是要很辛苦的哇；朋友的爸爸非常惋惜地说，像我这样的人用于经商太糟蹋了，国家也不搞个基金把这类特别的人好好养起来；朋友的外婆则非常和蔼地说，也不错的。

2007-08-02 | By：周郎 | From：〖腾讯网〗，原帖名《似水无痕（之二）》

神奇的周晓

周晓小时候记忆力极佳，7 岁的时候，为了得到表兄答应奖励的一支钢笔，用三个月背下了整本《新华字典》的所有词条，但是要求兑现奖励时，表兄早就把这事情忘得一干二净了；周晓对金庸所有小说的所有细节如数家珍，曾与人赌赛默写出 15 部金庸小说的全部人物谱系包括其兵器门派，人称“金庸字典”。

1993 年杭大教工之间忽然流行智商测算，周晓达到不可思议的 167 分，说明其人并不智障。但是英语一直是其软肋，早在初二开始直到中考、高考、考研从来没有考及格过，何以如是不得其解。而当时高考英语只是按 30% 记分，并且在大学里是可以不学英语的。

所以他得以侥幸有机会上大学。

周晓进大学第10天就被选举当上了学生会副主席。整个大学期间每一次历史专业课考试包括考研，周晓从未得过第二名——全是第一名。在杭大教务处保留的学习成绩记录档案显示，周晓所有历史专业课考试总平均分达到了骇人听闻的九十多分。但是整个高中期间，周晓成绩排名总是在全班倒数5名之内，还是全班唯一的一个非共青团员。为了怕其影响升学率，班主任从高二上学期开始就热心动员他提前考中专。

高中时衢州二中征求校歌，周晓假冒施光南作词作曲创作一首寄给教务主任，校方准备采用险些上当，最后还是邮戳露馅事败。

1992年，一部手机的价格和一套60平方米的住宅价格差不多，当时周晓放弃单位房改购房机会，花费近5万元购买了一部手机，1995年手机从7位数号码的模拟机改为11位号码的数字机，从此周晓从未换过手机号码。目前周晓是中国移动钻石卡会员，近二十年的手机费总额已经超过了35万元。另，周晓的传呼机一直使用到1999年，直至传呼台苦苦央求才作勉强同意停机。

二十年前，杭大教工食堂半两重的手工大水饺曾风靡一时，1991年暑假无聊，周晓曾挑战山东大汉刘连开比赛吃饺子，以4斤2两84个轻松胜出；有一次按

1 听可乐对 1 瓶啤酒的汇率与曲阜房开公司某总斗酒，某总大醉，周晓喝了 16 听可乐。在大学期间周晓还有罚点球比赛赌喝水一气喝了 5 满瓶热水瓶自来水的记录。

【旁白】

有一次，李娜和我在猎户豆捞吃小火锅。她说你精彩的地方都在校园里，那时候的你很像你；出了这个门，你就一点也不像你了。

杯具的周晓

2008-09-12｜By：一笑而过｜From：『共合网』，原帖名《天凉好个秋》

17岁时，独自背了画夹到南京赶考南艺的工艺美术。忽一日在草桥门游历，年少散漫，身背的画夹不小心打碎了店里的大玻璃，委委屈屈赔款15元，就此囊中羞涩——该次赶考总经费25元，此前已花了几元了，还要预留买回程火车票6.5元的钱。此后数日除了喝自来水，盖无任何消费。回家前仅勉力购买雨花石一碗，分送亲友以志纪念。很久以后看见肉包子还会油然而生爱怜之意。

小学时有一女生每日候着我同时上学放学，原因是她妈妈认为这样安全，笑骂均无法摆脱，遂无其他女生理我；中学时教务处项义丰老师总认为我和一广播台女生有染，常高度警惕跟踪调查点名批评，全校沸沸扬扬，遂失去一切早恋机会；大学进校一周，即有一隔壁班女生公然贴出示爱宣言，以后更遭遇女生为我打开水、洗袜子、图书馆占座诸事，周边佳人均误我已有主再不肯有非分之想，孤单告别学子生涯，依然纯洁得无地自容。终于莲花次第开放，周郎寂然随风。

青年时代的最后数次斗殴均为惨不忍睹的失败：一次是和高政到工人文化宫看录像，黑灯瞎火有人挡道，高政当头浇其一头可乐，数秒之后我被一脚踹到十几米外大厅里，高政则被按在地上杀猪般惨叫不已，灯亮时惊见对方一身戎装为一身高近两米的特警；一次是在杭州大厦伙同高政、高德明、于斌数人和一群上海人群殴，正拳脚交加，惨遭于斌王八拳痛殴事后才知于斌打架向来是闭着眼睛乱抡的；最后一次是我和何向明等 7 人在欢乐年华自助餐厅门口，何向明与一中年人忽起冲突，本以为我方人多势众，当然一拥而上，孰料旁边黑压压地冲出无数大汉，我方惨遭残忍暴打，鼻青脸肿，抱头鼠窜。原来那个中年人是北山派出所所长，更要命的事是北山派出所全体民警都在欢乐年华会餐。经此一役，从此金盆洗手做文人状。深感江湖险恶，终身不敢打架。

毕业后在农村锻炼，后来学校补发工资 1000 元，炒股一年，1 千炒成 2 万；转战投资期货，经 327 国债行情，2 万翻到 60 多万；其后再经半年，资产已近百万，乃预订了普桑一辆，打算收山开出租车安度晚年了。1994 年 4 月某日，郑州商交所王某深夜两点来电，通报内部消息云数大京浙庄家准备联手做多炒郑州绿豆，刚开完会议，开盘即发动。天明一开盘我即满仓 40 万元多单。十分钟行情急转直下，就此连续 7 个跌停板。待终于平仓逃出之日，实亏 180 万元，卖了汽车还负债数十万，至此开始多年赚钱还债之路。

期货投资失败，携数百元人民币到上海重新发展，1996 年 8 月某夜，突发肚子绞痛，强忍至凌晨痛不欲生，咬牙挪步瑞金医院急诊，是谓肾结石急需手术，医嘱先挂两瓶盐水，上午 10 时前交押金办手续。自 7 时起打遍电话借款，遇百色婉拒而终无所获，近 10 时许，拔吊针而逃。把身体蜷成虾米，每天疼出几身汗，三五日后身体懂事也就熬过去了，不再闹腾。

1989 年毕业留校，随即国家发文要求高校开始教育体制改革，后来杭州大学就被并入浙大取消了字号；1994 年做了期货，随即证监会认为期货行业管理混乱，后来就开始了大整顿；1998 年转行互联网，随即全球互联网经济泡沫爆发，产业大幅衰退；2002 年再转行房地产业，随即中国政府开始整顿房地产泡沫经济，房地产迅速进入低谷；2006 年奋起再战更新兴的新媒体行业，随即全球性金融危机爆发，新媒体经济神话轰然塌崩……我做哪行，哪行就一定会在一两年内出问题，所以想想，看来还是弄块地过两年回头再搞点房地产吧，全球性金融危机时代，房地产是救命产业，中国该不至于还敢来场房产调控整顿吧。

【旁白】

此文著时，与朋友合作在西溪湿地弄了块地，其后两年辛勤运作开发，工程过半。2010 年 4 月，中国开始大力度全面调控房地产市场，连续推出一系列的新政措施，职能部门高效贯彻，调控政策立竿见影，房地产市场应声萎缩到底谷，一蹶不振。

快乐的周晓

2008-09-19 | By：笑忘书 | From：【共合网】，原帖名《但去莫复问》

大学里，我和陈文霞创办了一份面向在杭衢州同学的新闻周报《浮石怪报》，该报从不采访，竭尽造谣生事之能力，向来只凭想象编造新闻，尤其热衷于传播花边新闻和暴料丑闻。深受广大惟恐天下不乱的无聊大学生喜爱，但也狠遭众多因之声名狼藉的新闻当事人的怨毒诅咒。《浮石怪报》发行量一度达到 2000 份。由于无力负担印费，遂张罗向订户募捐，谁给钱就表扬，不肯捐的往死里整。最后终因正面新闻太多、负面新闻不好意思上没看头没兴致而停刊。很快乐。

杭大青年教工的生活非常清闲。我和党办的林卫东有一个阶段爱上了频繁举办舞会。早年办舞会是需要向工会和保卫处申请报批的，申请报批是需要理由的。我们曾经找到了很多具有充分说服力的理由，如：美丽的春天美丽的食堂舞会、杭大总务处成立膳食科庆祝舞会、刘连开生日活动组织委员会筹备舞会、纪念津巴布韦独立十周年舞会……保卫处因实在不知道怎么回绝而只好批同意，工会全体成员都被我们发展成了铁杆舞棍。很快乐。

我曾找了历史系九零级的杨晓海、童伟民等几个会折腾的孩子，组建了一个山顶洞人摇滚乐队。到处找机会上台秀音乐闹剧。有一次在杭大大礼堂没问清楚是什么晚会，就推了一辆自行车上台，我按车铃伴奏，杨胜深情旁白“我们要代表一个痴狂的男孩把一首《冬雨》献给台下那个长发飘飘的姑娘”，五人狼嚎半晌过足歌瘾飘然退场。第二天收到团委转告校党委通知该乐队永久禁演，原来昨天的场子是杭州大学党委主办的“五月的鲜花”党建专题文艺晚会。很快乐。

上世纪 90 年代，突然广播电台直播全国流行，人人都要配置一个随身听。我考进了浙江人民广播电台，在程曙鹏领导下和董晋卿、徐祖民合作主持《假日大观园》节目，这是一个每周三周日上午播放的很喜庆的栏目。1993 年春，我们做了一个悼念三毛去世两周年的专辑，被台领导警告题材不健康调子太悲情；下期做了侯宝林，再警告；再做奥黛丽赫本，再再警告；再做李国豪，再再再警告；再做黄家驹，再再再再最后通牒；然后忽然陈百强也去世了，那我就没办法了，都是性情中人，这集必须要做。于是终被好言辞退离开了娱乐界。但是那次董晋卿正好感冒了没来，所以她留我走，后来才有机会变成晋卿又变成董卿。很快乐。

2007 年底我写了一篇博客《边走边唱——我心仪的音乐》，文章中说："列了一个歌单，准备刻个光盘，以后往来长途中就可以听着喜欢的歌，一任风雨兼程。"不久，我的生日，即有一个朋友送了一张光盘，里面就是按博客中列的歌单刻录的歌；另一个朋友也送了一张光盘，同样是按歌单刻录的歌，区别是凡歌曲有不同的版本她都刻上了；还有一个朋友送了我一个 MP3，打开一听，果然还是她按我开的歌单录的歌。这个生日我还收到了一份台历，是用我的博客中的照片文字排版设计的 DIY 台历。很快乐。

一直向往从温哥华骑自行车穿越河流山谷到班夫或者维多利亚。所以在飞机上说服了 3 个看来涉世不深的女孩子骑车同游。下了飞机一进城，即在路边截下一个骑自行车的黑人，花 40 加元买下了他的破车。兴冲冲赶赴集合点，不料 3 个女孩还约了十来个阳光男孩。十几个人呼啸而去，十几分钟早跑得无影无踪。于是孤单单骑车漫游两个小时，找个小旅馆叫了出租车回城，用自行车抵了 50 加元打车费，改为披着晚霞沿着河堤散步。很快乐。

【旁白】

生活就像一件三流导演的外套，有无数个大大小小的口袋，快乐藏在其中一两个口袋里，偶尔可以翻出一两片；生活就像我爸爸画画磨来磨去节奏慢得不着边际，但也像爸爸画的画耐心点再慢也会出来的；生活就像一条河安安静静地听凭时间落花流水而心不在焉，快乐就像时间，挤挤总会有的。

B卷 我的博文

第一辑 生活

第二辑 心情

第三辑 作文

第四辑 公事

第一辑　生活

1. 童年
2. 在人间
3. 我的大学
4. 边走边唱
5. 万水千山任我行
6. 非诚，勿扰!
7. 端午
8. 周晓的熬夜临床症候报告
9. 七日悠然
10. 我需要多少钱?
11. 过去
12. 来了
13. 人不传奇路崎岖

童 年
——流水他带走光阴的故事改变了两个人

童年，我一直是儿童娱乐用品发明制造的超一流高手。从来没有买过玩具。从红缨枪、坦克、潜望镜、弹弓，直到盔甲、桌凳、铅笔盒等等，都是我和父亲联手自己做的，甚至自己画的连环画、放胶片的幻灯机、能住人的木头屋，我们都能搞定。有一次，我向同学姜良家借得一套《全像三国演义》，父亲用一个月熬夜摹画了书中全部一百多幅绣像；现在，父亲家中全套装修和家具都是我为他设计定做，对联挂画都是我撰文他绘制，去年我甚至为父亲做了一个老年专用网站。

童年，我做的木头手枪和航模飞机、我刻的私章和画的花鸟册页、我练习的二胡和自制的书包、我手抄的唐诗三百首笔记本、我收集的香烟壳和《水浒传》一百零八将画片、从我幼儿园小红花到全国大奖的各色奖状、从我登在《儿童时代》之类刊物上的幼齿文章到带了点我名字照片的发黄报纸，等等古董杂碎，我父亲至今均有分类收藏；现在，父亲年轻时的照片、父亲为母亲画的速写、父亲的《红楼梦》诗词微书扇面、互联网上查得到的有关父亲的所有文摘信息，我均有分类收藏。

童年，父亲骑着自行车带我到烂柯山钻山洞看松鼠，父亲带我随婺剧团下乡躲在舞台幕布后面看演出，父亲在深夜和我出对子和律诗，父亲教我调色刷漆拌胶水弹墨线和熬夜赶画海报和布景，父亲和我组装收音机发动机缝纫机和制作雕花桌椅沙发书架，父亲陪我找石碑抄线装书；现在，我教父亲上网和用手机，帮父亲买历史书和刻戏曲节目光盘，我在周末开车带父亲游西湖钱塘江和划船转西溪湿地，我在黄昏陪父亲到西城广场看大篷车曲艺晚会，我在秋天和父亲爬泰山游曲阜，我在雨季和父亲上金茂大厦看上海夜景，我在世贸中心和父亲看书画展，我在香格里拉请父亲吃海鲜自助餐。

童年，我在 4 岁背唐诗像背绕口令常被父亲牵猴一样到处炫耀，我在 5 岁临碑帖像拖地板常被父亲训狗一样劈头大骂罚重抄再写，我在 6 岁练武术深爱清晨的床常被父亲拎鸡一样拎出被窝赶出门，我在 7 岁学器乐时常以乐器为兵器并常因出手太重而让父亲赔偿乐器，我在 8 岁进文艺班后常视训练为劳改并常因逃课起哄让父亲登校道歉；现在，父亲快 60 岁时说很想开摩托车我说不允许，父亲快 70 岁时说很想到农村种橘子树我说太荒谬，父亲快 80 岁时说很想回衢州住几天我说我陪你去三天就回来吧，父亲很想借钱给公园里认识的大妈的儿子办厂我说挺好挺好，父亲很想给医院里见到的车祸小伙子垫付医药费我说挺好挺好，父亲很想约老友到杭州度个长假我说挺好挺好，父亲很想请保姆全家住到他家玩个十天半月我说挺好挺好。

童年，我曾在孔庙思鲁阁住了很久，那天父亲拉着我的手送我进庙门，说外面社会上太乱，你就在这里过暑假吧，每天画一棵柏树临一块碑，直至画完 48 棵树走出孔庙，父亲就在门口等我，说我突然长高了变成少年了。现在，父亲随我来到杭州定居，那天我打开门带父亲进屋，说这是你的新家，这个是给你特制的画桌，这里是你的独立书房，这边是你的贮藏房间，从此父亲留在一个新的环境里，父亲的发须开始渐渐变白身手慢慢变老。

童年，我从 4 岁开始离家住校，每个周末回家都会和父亲抬杠斗嘴不停，父亲一直在道理上说不过我而一直靠身份胜之不武，这不妨碍我崇拜父亲也不妨碍父亲宠爱我，父亲常要我尊重老师不要捣蛋，我常要父亲看我作文点评几句；现在，我和父亲住在同一个城市的两端，经常出差，周日没事赶去陪父亲一起看看电视，闲聊几句，通常话不很多，父亲常要我注意睡眠不要太累，我常要父亲注意身体吃得好点。

童年，我像我的父亲；现在，我像我的父亲。以后的光阴流水，我也会老也会为人父，我还是像我的父亲。

【旁白】

父亲的艺术以工程浩大著称，以前的作品动辄上百平方米。近年老而弥辣，80来岁的人了还是酷爱追求出手吓人一跳的效果：2008年初为我写了一篇庄子《逍遥游》，两个平方几千字的中堂，挂在我的办公室里特别大气；前段时间出来一件“小”作品：竟然在一把普通扇面上用毛笔微书蝇头小楷整本《庄子》，据说足足用了两个多月时间！

父亲经常躲在他的工作室里，捣鼓他的作品，这时候是不让我们先看看他在干什么的，所以进出都很小心地锁门，这时候我和我的姐姐们就要探头探脑，表示我们很好奇；忽然一天，他会郑重亮相新作，不管是用烂木头做了一张小板凳还是用好木头雕了一个孔子像，这时候我和我的姐姐们就要大声赞叹，做叹为观止状。父亲就会露出顽童般的得意。然后我们就要全家出去聚餐，庆祝父亲艺术新作问世。

昨天，父亲画了一张妈妈的背影，画上还题了一首小诗。他说他也很怀念六十多年前的时光，他说他越老早的事情越记得清清楚楚。

2007-07-11 16：27：00 | By：笑忘书 | From：『共合网』笑忘书的博客

在人间
——我的自供状

在人间系列之一：

坐看云起，岁月如歌，说说我所做过的事情

（1）啤酒厂临时工

（2）贩西瓜香蕉

（3）摆馄饨摊

（4）修自行车

（5）农村路教工作组

（6）副村长

（7）高校教师

（8）酒吧编外歌手

（9）广播电台节目主持人

（10）书籍封面设计师

（11）小报记者

（12）期货经纪人 / 操盘手 / 投资人

（13）卖文卖画

（14）画斑马线

（15）店面装潢

（16）卖钢材

（17）售楼员

（18）MTV 工作室

（19）演艺培训学校

（20）个体文印社

（21）会计咨询公司

（22）市场调查公司

（23）饭店管理公司

（24）信息咨询公司

（25）设计制作公司

（26）广告公司

（27）房地产投资顾问公司

（28）网络科技公司

（29）投资管理公司

（30）房产开发公司

（31）餐饮管理公司

（32）礼品品牌公司

（32）新媒体公司

（33）差旅服务网站

（34）广告交易平台

在人间系列之二：

风清月明，我心如水，说说我所喜欢的东西

（1）最喜欢的书：《水浒传》

（2）最喜欢的作家：亦舒和古龙

（3）最喜欢的电影：《罗马假日》和《生日快乐》

（4）最喜欢的影星：李连杰和金喜善

（5）最喜欢的歌：《浪子归》和《SHE IS OUT OF MY LIFE》

（6）最喜欢的歌星：崔健和孙燕姿

（7）最喜欢的乐器：爵士鼓

（8）最不喜欢的音乐：民族唱法的主旋律歌曲

（9）最喜欢的活动：看电影

（10）最不喜欢的活动：喝酒、猜拳、玩骰盅

（11）最喜欢的动物：长颈鹿（高贵、优雅）

（12）最喜欢的颜色：白色

（13）最喜欢的食物：稀饭、榨菜、皮蛋

（14）最喜欢的国家：中国（中国话说得最熟练）

（15）最喜欢的城市：上海（尤其喜欢陆家嘴的豪华建筑和地铁广场的热闹）

（16）最喜欢的汽车：别克（厚重、绅士和大尺寸）

（17）最喜欢的号码：2

（18）最喜欢的品牌：阿玛尼（不是因为贵而是因为是亚麻布料）

（19）最喜欢的事情：睡觉，躺在床上看书

（20）最不喜欢的事情：借钱（我向别人借和别人向我借都是）

（21）最想做的事情：带孩子（最好是10岁左右的小男孩，容易把他教坏）

（22）最不想做的事情：解释、道歉

（23）最喜欢的职业：造船（船长、水手和设计师均可）

（24）最不喜欢的职业：传销

（25）最喜欢的工作：期货交易

（26）最不喜欢的工作：写策划案

（27）最喜欢的生活状态：安静、自在、有钱

（28）最喜欢的生活风格：晚年（再也没有任何责任负担了，再不需要动脑子了）

（29）最喜欢的生活节目：每年可以到一个没有熟

人的城市住一个月

（30）最喜欢的生活时段：每四年一度的足球世界杯（放下一切看球）

（31）最喜欢的生活场景：深夜整理房间或听音乐，周日的下午看球赛

（32）最崇拜的男人：毛泽东

（33）最欣赏的女人：林徽因

【旁白】

在人间系列之三《我的债主们》一文，已经题名为《一张账单》单独选录；在人间系列之四《我的心上人》一文，已经改写为《梦里花落知多少》单独选录。

我的大学
——杭大89届历史专修科同学录序文

2007-07-24 04：46：00 | By：一笑而过 | From：【共合网】一笑而过的博客

一、我的年代

有一个年代，静静地留在那个世纪的年轮里。

这是可以春天里尽情逃课夏天里天天睡足18个小时秋天里每周认识6个女生和冬天里嚎叫着摇滚冷水冲澡的年代；

这是可以拎个双卡录音机七八盒翻版磁带随便踢开一个空教室在日光灯上包点有色皱纸就可以开舞会的年代；

这是可以经常骑破自行车穿越整个城市到另一个大学找老乡会餐的年代；

这是可以每天寄出 50 封书信和打电话需要到传达室排队四个钟头的年代；

这是可以半个月不吃荤菜钟爱大排榨菜方便面和火腿肠的年代；

这是可以在操场上连续踢一个下午足球和在寝室里举一百次哑铃但是不需要网游和 QQ 聊天的年代；

这是可以设想毕业后如何漫游世界和如何支援边疆但是不需要人才招聘会和创业讲座的年代；

这是可以抽屉不锁、情书公开、菜票共用和考前抄笔记、轮流打开水、图书馆占座、借钱不用写借条、衣服都没品牌的年代；

这是有霹雳舞、诗歌舞、朗诵会、流浪艺人和礼堂看录像、屋顶弹吉他、食堂做表白的年代；

这是可以迷恋长发飘飘认真说永远并且会在中心草坪傻坐到天亮的年代；

这是可以写进 1 万首歌词和 10 万篇博客里的年代……

这是我的年代。

二、最好的年代

人们说，流年似水，最好的时代已然消逝；人们还说，光阴似箭，最好的一拨人群已然消散。

杭大并到了浙大，同学散到了天涯，少年变成了中年。

风过了，空气中留下了一个年代的影子。任凭云转云舒，依稀若隐若现，那个年代确有一个真实的我——

一起在 11 幢 202 寝室报生日算排行的人，或许还记得这个年代；

一起在历史楼门厅一起出黑板报的人，或许还记得这个年代；

一起在四食堂举办周末假面舞会的人，或许还记得这个年代；

一起在广播台排练电影对白的人，或许还记得这个年代；

一起在千岛湖度春假共挤地铺的人，或许还记得这个年代；

一起在植物园深夜为恋人们送大衣的人，或许还记得这个年代；

一起在布告栏上贴《两个人诗集》的人，或许还记得这个年代；

一起在初阳台看日出在北高峰背唐诗的人，或许还记得这个年代；

一起在花圃露营西湖采荷黄龙洞打雪战的人，或许还记得这个年代；

一起在骑自行车到太湖到雁荡到金华的人，或许还记得这个年代；

一起在编《晨钟诗社》杂志的人，或许还记得这个年代；

一起在办《浮石怪报》周刊的人，或许还记得这个年代；

一起在排《回望秋天》晚会的人，或许还记得这个年代；

一起在开学时踩着三轮车为全班人搬铺盖的人，或许还记得这个年代；

一起在毕业时熬夜装裱书画举办三人联展的人，或许还记得这个年代；

一起在最后的暑假一个个送别同学到车站的人，或许还记得这个年代；

一起在这个时代生活的人，或许都还记得这个年代。

三、我们的年代

假如人们问我，你曾经生活在一个怎样的年代？

我会这样告诉他，我曾经生活在一个有露天电影和辩论赛的年代、一个有友好寝室和同乡会的年代、一个有生日礼物和愚人节的年代、一个有“可乐之夜”狂欢节和“回望秋天”艺术节的年代、一个以为20岁的到来还早得很并且以为30岁以后肯定会退休的年代……

我也会这样告诉他，我曾经生活在一个运动家林山王平许普钟林潇的年代，一个艺术家潘珍陈燕蔡文富王杭炯的年代，一个革命家高政徐贻福姚昌喜的年代，一个诗人方忆郑丹丹的年代，一个歌唱家张雪波的年代，一个舞蹈家何冰的年代，一个大侠王振达、书生俞耀和邻家乖女儿毛敏的年代，一个浴室音乐家张春毓叶文喜的年代，一个教室梦想家钟华儿的年代……

二十年过去了，而我的灵魂依旧在这个年代、在他们之间深深沉醉。

即使有些事也许不会常常提起，但是有些人我们今生不会忘记。

这是我们的年代。

【旁白】

2007年8月18日大学毕业后第一次班级同学会，本文是为本次聚会的大学同学录所写的序文。

2007-12-17 17：23：00 | By：一笑而过 | From：〖共合网〗一笑而过的博客

边走边唱
——我心仪的音乐

汽车上的 CD 坏了近一个月。今天司机说已经修好了。

于是列了一个歌单，准备刻个光盘，以后往来长途中就可以听着喜欢的歌，一任风雨兼程。

1.《橄榄树》（这是我多年一直最喜欢的歌，也喜欢齐豫和三毛的年代）

2.《She is out of my life》（迈克尔·杰克逊的一首慢歌，从灵魂里感动）

3.《恋曲 1980》（我最喜欢唱的老歌，罗大佑歌

词写得好，但唱得不如我好）

4. 《姐姐》（不敢多听，带着心跳的声音，是抑郁症的张楚不食人间烟火的心，是世界在烦他）

5. 《浪子归》（崔健慢歌，旋律如神，歌词很土，那时我疯狂地为此着迷，我的音乐审美一直定格1987年）

6. 《回家》（顺子的歌，空明纯净，只是中意顺子这一首歌，余皆碌碌，真希望她永远不要再上台，尤其别再当选秀评委了，就缺那两个小钱吗）

7. 《海阔天空》（BEYOND的歌，很男人也很大气，经常发现这个现象：在K歌房一个人点了这首歌，是个男人都抢着话筒一起唱起来）

8. 《空中的梦想家》（张惠妹的歌，喜欢MTV里她唱着这首歌的神态）

9. 《冬雨》（谁都知道我喜欢齐秦的歌）

10. 《无情的雨无情的你》（谁都知道我喜欢齐秦的歌）

11. 《花祭》（谁都知道我喜欢齐秦的歌）

12. 《难舍难分》（谁都知道我最喜欢齐秦的歌，不过谭咏麟的这首歌实在太美妙）

13. 《你的眼神》（现在是个女生谁都说自己喜欢蔡琴显得很知性的样子，其实蔡琴总是翻唱，有个性的好歌也不多）

14. 《Yesterday once more》（卡伦·卡朋特满世界早已放滥了，我依然喜欢，一个人在家里听）

15. 《Anniversary Song》（烟枪牛仔的，听着Margo Timmins飘浮在空中的歌唱，安静、简洁）

16. 《送别》（胡雁的那首。还有《城南旧事》的电影，现在不可能有这种艺术了）

17. 《永远有你的影子》（一部烂电影《霹雳情》的片尾歌，没有几个人记得，很令人伤感）

18. 《牧羊曲》（记得《少林寺》、记得丁岚、记得李连杰，自然记得这首歌，当时是郑绪岚唱的）

19. 《聪明糊涂心》（陈淑桦的歌，就为喜欢曲调的灵动，好像一头小鹿跑来跑去，现在听了会难过）

20. 《天天想你》（张雨生的歌，很真性情的味道，以前经常在傍晚骑自行车穿过西山路的时候唱）

21. 《情网》（张学友的歌，很少年的心怀，在KTV早让人唱烂了，而我总是唱不准）

22. 《情深意长》（一首红军歌，第一次是在电影《东方红》里听到，一直莫名喜欢）

23. 《在那草地上》（先是在电影《红河谷》里听宁静唱，那年在丽江听了无数遍，有些歌后面有场景画面）

24. 《想你的时候》（以前是杭大食堂里舞会的慢四曲，不是喜欢歌，是喜欢那个年代）

25. 《梦的告白》（同样也不很喜欢千百惠，只是总会因歌而记起一些东西）

26. 《听妈妈讲那过去的事情》（更小的时候，经常是在衢江边河滩上，一群中学生弹着吉他轻轻地合唱）

27. 《天空》（王菲，最有味道的时候的歌）

28. 《南海姑娘》（想象一个70年代的姑娘的神态，圆脸、长辫子、大眼睛、齐齐的刘海，不觉醉了）

29. 《香奈儿》（不想选王菲两首，可是去不掉这首歌）

30. 《又见炊烟》（又想到这首，还是不能去掉的好歌，王菲唱的比邓丽君唱的有味道）

31. 《Don't break my heart》（黑豹的，男人的歌）

32. 《我们的爱》（飞儿乐队的，好像是一个故事，终身不忘）

33. 《后来》（很蒙太奇，每个人的17岁都有一个终身难忘的故事）

34. 《勇气》（这是我开始接触新歌的第一首，其实是被歌的MTV小剧吸引，后来就听了很多很多流行的歌，慢慢走到了当代）

35. 《彩虹》（因为电影《不能说的秘密》太感人，周杰伦确实很有深度，由衷佩服他的思想和才气）

36.《有多少爱可以重来》（古天乐在电影《生日快乐》里唱的歌，因为情节相配，歌词十分动人）

【旁白】

当时博客文后就有一篇旁白，完整照录：

“这样的36首歌，可以让我所有的奔波苦旅变成音乐漫游。

“有一天，我不再工作了，我在我自己的宽畅书房里，我会在哪首歌里不由睡着？

“有一天，我离开世界时，我会为谁留下一首歌、一段话或者一张微笑着的照片？

“当下，我正听着《She is out of my life》。一声尾音，几不可闻，没入夜空。”

万水千山任我行

2008-02-01 13:16:00 | By：一笑而过 | From：【共合网】一笑而过的博客

每年春节期间，总会寻找一个心仪的地方，用自己喜欢的方式，住一段时间。这样的过法，已经二十来年了。

1986年第一次出行，是因为那年要高考，整个世界的空气都逼得人很变态，当时实在透不过气，号称要封闭复习，骑了几十公里的自行车到上方镇，一个只有一条街的破烂小镇过了几天盲流生活。那时只是少年心性觉得这样过了春节很有味道，不知雪泥鸿爪就此成了规律。

最初是因为没什么钱，多选择在就近，骑车就能到的地方；后来逐渐放胆，单身浪迹多了也成了老江湖，越走越远，愈动愈奇。路遇了流浪的探险的写诗的画画的逃婚的躲债的犯案的吸毒的形形色色的人，经历过丢钱包骗衣物乃至国道抢劫森林迷路大雪封山海岛台风等跌宕曲折的事；往往整天不出一声、不带表情，往往随意行止、任性变道，也往往遇离奇事、见诡异人。一个人在万水千山之间穿行，风餐露宿不觉四季寒暑，少年书生终成天涯浪子。

几年前开始，或许体力下降或许心境变化，开始注重舒适悠闲，渐渐选择的大多是城市，我由衷地喜欢山林原野的海阔天空、万籁俱寂，也由衷地喜欢繁华都市的奢豪建筑、炫目霓彩，喜欢宫廷气派的服务、奇贵离谱的餐厅和考究到极限的床。其实乡野纵情是不如都市懒散有意思的，很多人号称喜欢大自然，喜欢旅游，估计本质只是不喜欢人群来往而已想要变变常态而已，我也是这样。又不是诗人需要习惯性自虐，所以后来就习惯于在安安静静呆得住人的地方，找干干净净不太起眼的酒店，悄悄地猫冬。再悄悄地回来。

年年的春节都是一次节场。是春节总是要好好过的。平时朋友总说找不到我，节日我总是找不到朋友，嘿嘿。

想一想，我的每年春节都在哪里？

1986 年春节，衢州上方镇；

1987 年春节，巨化江滨；

1988 年春节，嘉兴；

1989 年春节，金华浙师大；

1990 年春节，舟山；

1991 年春节，淳安千岛湖；

1992 年春节，太湖；

1993 年春节，江山江郎山；

1994 年春节，长沙、凤凰；

1995 年春节，温州、瑞安；

1996 年春节，上海；

1997 年春节，康定；

1998 年春节，重庆、成都、永川、大足、眉山；

1999 年春节，大理、丽江；

2000 年春节，北京；

2001 年春节，嵊州；

2002 年春节，南京、扬州、无锡、苏州；

2003 年春节，海宁；

2004 年春节，曲阜；

2005 年春节，深圳、珠海；

2006 年春节，厦门；

2007 年春节，西安、香港；

2008 年春节到了……

左手一张世界地图：圈了希腊、埃及、马来西亚、老挝和尼泊尔五个国家。

右手一张中国地图：划上延安、华山、中甸、银川和衡阳五个地方。

我在想，春节我该去哪里？

十选一，今天一定要决定。

【旁白】

2008年的春节，最后选择去了尼泊尔，做了很多准备想爬上珠穆朗玛峰，但是登山前一天，在加德满都一个旅馆的浴缸里把脚摔伤了，此事遂罢，后来找了架直升飞机到珠峰顶上转了转。到现在摸着膝盖上好几厘米的伤疤，心下还甚是怅然。

其实在1986年之前，已经有三四年没有在家里过除夕了。我是初中二班的，却每年除夕都被一班的一些玩家特邀年三十聚会过通宵，后来我和宋文广成为此项传统聚会的死硬发起人，博得很多家长的愤怒指责：为何非得今天拉咱家孩子出去聚会，闹得咱家好几年过年不像过年！但是没办法，那时我们魅力逼人，我们的除夕派对是衢州顶级的时尚活动，家庭亲情怎敌得过。后来大家渐渐大了终于再也组织不起来了。后来世间再没人肯陪我玩，我却是养成了戒不掉的出游习惯，后来才学会独自背包逛世界的。

想念那些曾经一起历年除夕派对的朋友：宋文广、

程小伟、章卓斐、毛文伟、陈文烈、陈文霞、何线、杨静萍、黄继东、汪飒爽、胡凡、廖亦芬、郑晓文、居文烈、方明伟、方永新、杨昕、姜庆顺、姜庆英、何凤珠、陈磊、蔡丽文、章晓晖、王艳、聂东海……

2008-12-21 02：00：00 | By：慕容复 | From：【共合网】慕容复的博客

非诚，勿扰！
——模拟征婚启事

“那一天，闭目在经殿香雾绚旋中蓦然听见你诵经的真言；那一月，摇动所有转经筒却不为超度，只为触摸你的指尖；那一年，磕长头匍匐在山路不为觐见，只为贴着你的温暖；那一世，转山转水转佛塔不为修来世，只为途中与你相见……”

等待一个人很久了，等候一个人很辛苦，等到一个人很美妙。如果有一天，我和心仪的女子拍好婚纱照，我会把这首诗题进婚照册和婚宴请柬上。

我像梦游一样地从各个城市一路走来。日子在摇摇摆摆地过去。看过的书内容都还记得，每本书放在哪里怎还记得清；赚钱的目标不停修正，一生到底需要多少钱哪里才能问得到；认识的人都老了或散居天涯，那些名字念起来也开始很有历史。快乐过，也早已模糊了细节，寂寞着，却想不起何处开端。莲花次第开放，周郎寂然无声。我知道的，有一分落寞附到骨髓里了。就这样了吧，我的今天。还会怎样呢？我们的明天！

已不记得从什么时候开始的，电脑已经成了孤单时的唯一伴侣。寂寞的时候，孤独的日子，对着电脑浏览着别人的心情，看看新闻，听首舒缓的音乐，这样的日子总感觉单调寂寥了些。常常想真切的拥有一个属于自己的完整的家，一份能经得起岁月打磨时光浸染的感情。可是岁月常常突如其来地快进，人与人之间也是没有预兆地相识。未来总是不能预知其谜底。风来疏竹，风过而竹不留声；雁度寒潭，雁去而潭不留影。期待一个林徽因一样的女子！韶华不在，心未阙失。心底总刻着一个莫大的盼字。

我眼前的你，一定不能太漂亮，只有平静的脸和安静的心，才能凝积一丝淡然的眼神，投射到我眼里化成永恒的美；我心里的你，一定不能太年轻，只有岁月的身影和时间的光晕，才能洗练一叶安然的灵魂，融化到我心底叠就永生的梦。但是你一定要喜欢读书，一定要爱好运动，一定要孝顺家人，一定要真的爱我。

我不要你太聪明伶俐，只要你肯委屈做一点迁就，我就会天天用心宠着你到老去；我不要你太多才多艺，只要你肯学会烧三个好菜，我就会天天爱吃顺着你到白头；我不要你做很多事，但是你要在睡觉前为我熨好衬衫，你还要在起床后帮我煎一个鸡蛋。我不要你吃很多苦，我自己会很大口地吞掉所有的苦和伤疤，你可以做点工作，做不好我帮你做，做累了就停下来。

你可能要深夜还爬在客厅地毯上乱换电视频道等我回家，因为我很可能整天没吃过一口饭，你还要备两个大饼准备给我充饥；你可能要凌晨还独自缩在被窝里睡一阵醒一阵，因为我很可能看书看球赛正兴起睡意全无，但是我会给你放好热水袋；你还要同意我永远可以边吃饭边看书、随时有权拒绝陪你看相亲娱乐节目，不过你进超市前只要把我寄存在一个书摊或者碟片店就行了。

你可以每年过 182.5 个纪念日并且在每个纪念日许愿，每个许愿都有可能会突然实现；你可以闭着眼睛手指世界地图的任何角落，然后等着机票飞过来，当然我先会想个办法赚点快钱；你可以没有节制地答应朋友代写论文帮忙搬家接送小孩和弄到演唱会的票子，反正有我会为你善后执行。你可以在阳台上种树在书房里养蚕在客厅里喂鱼，我还会在浴室里为你装个你喜欢的大木桶；你可以到沙漠里冲浪去会所里游泳在宝马里哭泣，我还会在海边的里弗利尔给你买套看得见一小片雪山的小白屋。

城市很大，日子很忙。我很简单。我在等待。等待一次美丽的邂逅。等待起草我一生的承诺。等待你。如果你是善良的、美丽的、温柔的姑娘，如果你不相信真诚的心、纯净的人、负责任的感情，如果你不相信偶然的奇迹、一生的幸福和缘分天成的相逢，我是一个优秀的例外。

事业我来承担，梦想我来兑现。未来一起设计，天涯一起行走。若得君心似我心，定不负相思意！

静待有缘。

【旁白】

写作本文时，我确是单身，想法也真实。但是本文只是我写的一篇博客，征婚启事是一种文体而已，放在网上是为了表达自己的择偶观！网络不是解决婚姻的好办法，想明白了就决不尝试网上交友。横眉冷对秋波，俯首甘为光棍。谢谢关注，缘分会在意料之外。题目“非诚勿扰”的正确解释是：我非诚，你勿扰！

真要觅偶，我当然最希望通过父母之命，媒妁之言，门当户对，生男育女。所以除了我专属的那一个人，别的人切请不要被上文打动，不是写给你的。我找好对象了就要结婚了，在我的婚礼上，我要用这篇文章作为我的婚誓，念给她听。

2008-06-08 22：46：00 | By：一笑而过 | From：【共合网】一笑而过的博客

端 午
——心情三章

短 信

凌晨，在欧洲杯足球赛的两场赛事之间，瑞士对捷克之后，葡萄牙对土耳其之前有 45 分钟的间隙，我发了二三十条端午祝福短信出去。然后关机看球。

中午开了机，一阵短信巨浪呼啸而来。足足比我发出的总量多了一倍都不止，从数量上就很是感动。回过神来看内容，每一条都美奂美轮得让人无动于衷。

端午也要狂发消息。今年是个特殊。短信就是一个致意。大家关心的是谁发给我了，我要发给谁。不关心内容写的是什么。

开 饭

昨晚看球到天亮，独在屋里补了个很不踏实的觉。期间接两个无聊电话、回几条罗嗦短信。人在半梦半醒之间，听得厨房阿姨烧菜，锅碗瓢盆响成一片；父亲在外间轻手轻脚走动，他在准备为我的办公室写一幅书法。像所有旧式老家庭一样安详。

后来一阵热闹，大姐到了，外头一片声喊开饭了。

妈 妈

妈妈还是在躺椅上昏睡，人开始显得消瘦了，脚肿得有点厉害，左脚不能动了，双眼一直紧闭，爸爸说今天早上睁开过一会儿。我在妈妈身边坐着，试图猜想此刻妈妈有感觉吗？她在想着什么，她睡着时会有梦吗？她在梦里快乐吗？

端午顶着纪念屈原的掌故却不关屈原什么事。大家在这一天很家常，我家在这一天要聚居。我在这一天要到爸爸妈妈身边。

2008-01-25 00：38：00 | By：一笑而过 | From：【共合网】一笑而过的博客

周晓的熬夜临床症候报告

第一夜。

独自统治整个夜的王国。零点以后推开纷扰的思绪，独处安静的书房，放上音乐，点上藏香，先慷慨地拿出半个小时，信手翻阅几页希罗多德的《波希战争史》；12 时 35 分，打开邮箱，细细回复一天的电子邮件；2 时 45 分，慢慢地收摄心神，开始全神贯注写必须写的文章；6 时 20 分，抬起头，深呼吸，不知东方之即白。洗个澡，换身干净衣服，走上阳台，空气凉得神清气爽。毕竟是习惯熬夜了，一夜不眠，似乎精神更加峻朗。神色像元春一样雍容华贵，睿智从容。

7 点钟，司机来接，急赴上海。是日，在上海开了三个共合网年度业务会议：9时30分至12时45分，年度网点加盟工作会议；13时30分至16时，年度广告运营工作会议；16时至18时30分，年度后台管理工作会议。19时15分至21时30分，全国各分公司管理层年尾聚餐。22时返程，24时到杭州。

第二夜。

1点钟，回到家中。先做最急的事情：伏案撰写《共合网白皮书》27页，5时30分左右完稿，立发宋磊赶做PPT和彩打装订文本，22日新闻发布会要用。完工起身动弹一下，知觉头晕眼花，四肢无力，浑身的骨头说不出的别扭，尤其是颈椎，恨不得把头拔下来放松一下。6时上网打开信箱，看到有85个未收邮件，一阵发呆，定定神，叹口气，是债逃不过，尊重工作吧。10时30分左右，该看的看好该回的回复该存的存储该改的改妥。用15分钟快速洗脸刷牙剃须梳发，一阵风出门赶路。站在路边打车时，只觉冷风刮面如刀，手脚酥软如绵，神色自感如迎春般懦弱无力，失魂落魄。

是日一直有气无力，11时20分，赶到浙江日报会晤公益广告部金先生，在浙报27楼就餐；1时正驱车飞赴上海，架着眼皮挺过两场会谈，开始略感厌食翻胃；19时30分，在虹桥迎宾馆以茶点当了晚餐，而后飞车赶赴虹桥机场；21 时，十分紧凑地赶上了航班飞往北京；23 时落地首都机场；24 时 50 分到达万豪酒店。

第三夜。

1 时，北京国贸桥万豪酒店。须交 2500 元押金，现金不够，总台也没有刷卡机，顶风踏夜步行数里，找到一个交通银行，取款 2000 元。交完押金，尚有 143 元；1 时 30 分，进入客房，洗澡时在浴缸里一不留神睡着了 10 来分钟，水溢，惊醒；2 时至 3 时处理邮件，今天少点，34 封；3 时至 4 时看了半场意足；4 时至 7 时，备董事会材料，行文数则，计 2007 年工作总结、2008 年工作计划、2008 年度资金使用说明、一季度工作安排等。期间数度昏沉，热水洗脸、冷水冲头而已。只觉手足发冷，喉咙却似有火烧，头很沉重，太阳穴一跳一跳，后颈及肩胛有筋吊牢，坐立皆酸疼。因即将与资本会谈，强撑着用一小时左右准备提纲。刷牙刮胡，但看脸色倒还正常，心跳偏快，呼吸急促，像探春一样外强中干，看着尚沉稳，只怕被人随手一推就要栽倒的。

9 时出门，10 时 30 分到华润大厦，与德同资本洽谈至 12 时 15 分，简餐，13 时告辞回万豪酒店。头开始爆裂，似一分钟也坐不住了。13 时 20 分，约广告客户会谈。14 时 10 分客去，坐在床沿，摇摇欲坠。此时郭羽先生来电，要求从速修改《共合互动传媒远程发布控制系统》的通告，立等，强撑完稿。15 时左右，将睡未睡之时，费礼文来电，商议明天 CTR 报告发布会事项，通知 16 时电话会议；之后姚雪来电；之后清科王利朋先生来电；之后张瑛深圳来电，约好 23 时电话会议；之后吴文勇先生来电；之后林东先生来电。之后就到 16 时了，CTR 报告发布会相关事项的电话会议；之后就到 17 时了，会商《走向共合》有关事项；18 时合作商访谈，19 时 30 分左右，撑到客去人静，开始浑身发冷，盖上所有被褥床单毛巾，依旧颤若抖筛，只好坐进浴缸，拧开热水冲泡。此时王志勇先生来电、于斌先生来电、夏弘冰先生来电，然后陈芸、胡敏、张瑛等接踵交流。忽然发现不再发冷，只是头疼加剧，尤以后颈酸痛难忍。出浴上床，时当 23 时正，又到深圳工作电话会议的时间了。24 时将到，电话会议结束。看看手机，显示 11 个未接电话，打开电脑，57 个未收邮件。

第四夜。

0 时 0 分，略加洗刷，精神一振。郭羽先生来电，言《走向共合》第三期分支机构征召精英需要开篇寄语，希望请我今晚务必费心作文。随即鲍玮来电，恳请长谈交流。1 时 40 分，结束八方电话，整个世界清净了。开始网上办公，3时，批妥相关公文书牍，回尽一应邮件短信。开始创作时间，4时，《鲲鹏展翅九万里》开篇CEO寄语一文完工传发徐欢欢。4时至5时许约一小时，零星穿插做了一些有关品牌工作要点、文档工作会议、广告业务拓展等近日需要落实的事务的工作笔记。5时至7时，起草我将在CTR报告发布会上发言的30分钟发言稿。7时收拾房间，临行照照镜子，面白如纸，眉间陡现青气，眼中暗藏槁灰。恍如出家的惜春，没有一丝人间烟火气。

退房结账打的，一气呵成。7时20分至9时，一路塞车爬到首都机场。9时50分起飞赴沪，机上修改发言稿并专心背熟，不在话下。11时40分落地，初时尚可。即将上汽车时兀地天旋地转，殊不能步，扶栏将息片刻，上车赶往软银公司发布会会场，居然晕车几至人事不知。12时45分到达，提醒自己该上发条了，一杯热茶迅速还阳。旋接待嘉宾媒体，2时30分，CTR报告发布会开始，发言、交流、问答、采访、餐会。21时，一切完毕。返归杭州。沿途百般不适症状纷呈，自不细陈，总之身体到了极限，连自尽的心都有了，于是真的理解三毛了，生病难受不如索性上吊，嗯，也有道理。

23时30分到杭州，24时20分左右到家，终于重见久违的床。

不管怎样，睡眠很奢侈，熬夜很艰难，年岁渐长，熬不得了。原应叹息。

【旁白】

我只是一个亡命傻干活的。

当时正值新年来临、新投资注入、新团队扩张的风云之际交替之时，确是忙过了点，此时共合网正步入风华正茂第三年，不光是我，人人像圣徒齐心膜拜未来美好成功，人人也像圣徒一并忘我扑向工作，整个共合网好像都在疯狂起舞。幸赖3个月后，郭羽先生进入共合网掌控全局，才开始把共合网管理得井然有序，稳定替代激情、规范限制超速。从此共合网就不会再有那样的疯狂忙乱了，我也得到解脱回归正常。

感谢郭总。作为共合网的创始人和领导核心。其实他对共合网的贡献很大，牺牲也很大。

【链接】

引摘【比特网】2007年12月28日的一篇对郭羽的专访报道——

曾做过媒体记者的郭羽，选择了出售天畅科技，力推共合网上市的道路。

2007年12月27日，前杭州天畅总裁郭羽在接受采访时表示，自己是因为共合网而主动放弃了杭州天畅。

郭羽表示，自己于2005年和2006年先后创办了两家公司：杭州天畅、杭州共合网。2007年5月，杭州天畅已经全部卖给了香港财华社，因此离开天畅将全部精力放在共合网是迟早的事。

郭羽承认，按照与财华社签订的收购合同，自己在天畅有30个月的锁定期，现在离开会造成个人很大的损失。

郭羽称，自己是经过再三权衡才做出这个决定的，因为杭州共合网的发展需要他提前全部精力投入，“这也是软银他们的意思”。

20世纪90年代中期走出大学的郭羽，先是进媒体做记者；而在互联网兴起的时候，迅速投身互联网；而当中国刚被风险投资关注的时候，郭羽又不断做项目、卖项目，不断拿到风险投资。

总结自己事业顺利的原因，郭羽认为，“在于我总在这个社会需要我在哪的时候，我就出现在哪”。郭羽最近的一个与风险投资相关联的新闻，就是郭羽创办的共合网拿到鼎晖、软银的投资，为此他提前结束了与杭州天畅的合同。

基于投资者的利益和共合网自我发展的需求，郭羽提前离开了天畅，全心进入共合网。用郭羽的话说就是：“我希望全力以赴，宁可让天畅放弃一些。”这个“一些”，包括原先收购案中郭羽个人将分期获得的五千多万人民币的利益。

七日悠然
——盘点我的国庆长假

2007-10-08 19：09：00 | By：一笑而过 | From：【共合网】一笑而过的博客

我们一切忙碌的事情，有一天回头时看看，终究会突然变得极不重要；我们曾经在乎的东西，有一天低头时想想，终究会慢慢变得极无意义。所以，我每天晚上在这里，哪里也不想去。

不需要成为名人，不需要听到赞誉，不需要赚钱满把，不需要有权有势，不需要冠带盈堂。

我自己安排自己，我自己陪伴自己，我自己管理自己，我自己珍惜自己，我自己爱着自己。

于是，我从四个月前就开始策划：没人干扰地经历一个长假，痛快淋漓地浪费一些时间，自得其乐地享受一批休闲。不管怎样，我还是很乐意任性地放纵自己，哪怕只有七天，让我做统治时间的君王，尽情挥霍支配自己的特权。

一、四个时间分区

七天里的每天，都可以分成上午、下午、前半夜和后半夜四个时间段。

每天上午的主题是整理，我找出不同的内容，把一些积了很久的很花时间的事情慢慢做掉；

每天下午的主题是约会，我安排不同的对象，要从容地没有时间限制地和想见面的人相聚；

每天晚上 11 点之前是前半夜时间，我要找个自己喜欢做的活动没有节制地体会此中乐趣；

每天晚上 11 点之后是后半夜时间，我早已准备好 40 本全套新版金庸小说天天看到自然困！

二、七个上午纪录

第一天：整理衣物。熨好所有衬衣长裤，分类所有被服毛巾。

第二天：整理房间。拖地板擦玻璃理冰箱，采购日用品，重新布置客厅和书房。

第三天：整理书架。分拣书籍，在书架上贴注查询标签。

第四天：整理通讯录。抄写手机号码，归类名片便条。

第五天：整理电脑文档。整编文件夹，梳理电子邮件，清理空间，重装系统，升级版本。

第六天：整理照片资料。看看摸摸，翻翻回忆，封存一些东西，烧掉一些东西，丢掉一些东西。

第七天：整理朋友。列出名单，分析判断，记情感恩，问候一些人，忘掉一些人，深藏一些人。

三、七个下午安排

第一天：上海客户交流。

第二天：到千岛湖看绿盛工业园地块。

第三天：留给家人聚会。

第四天：家中客人来访。

第五天：银行业务聚会。

第六天：与共合网同事茶会。

第七天：嘉善项目洽谈。

四、七个前半夜

第一天：复兴大桥桥中岛上看钱塘江。

第二天：在电影大世界看了三场电影。

第三天：买菜、烧菜、吃掉。

第四天：下围棋。

第五天：武林路吃麻辣烫。萧山机场接客人。

第六天：开车兜风听音乐。

第七天：嘉善回程。机场送客人。

五、七个后半夜

第一天：看《书剑恩仇录》（上下）、《碧血剑》（上下）、《飞狐外传》（上）。（通宵）

第二天：看《飞狐外传》（下）、《雪山飞狐》、《鹿鼎记》（1、2）。（3点）

第三天：看《鹿鼎记》（3、4、5）、《射雕英雄传》（1）。（通宵）

第四天：看《射雕英雄传》（2、3、4）、《神雕侠侣》（1）。（4点）

第五天：看《神雕侠侣》（2、3）。（2点）

第六天：看《神雕侠侣》（4）、《倚天屠龙记》（1、2、3、4）。（通宵）

第七天：看《连城诀》。（1点）

【旁白】

这个国庆节很快乐、很充实、很留恋。

我需要多少钱?

一、R 方案：立足现实开支状况的方案

两万五千元 / 一月，三十万元 / 一年，一千万元 / 一生

1. 书刊购买经费：1000 元 / 月（确保想买就买，任性不受限制）。

2. 牙膏肥皂等日用品：150 元 / 月（只买最贵的，用量有限的）。

3. 手机费宽带费：1500 元 / 月（申请一般的无线上网，办个正常的移动套餐，满足经常的出差漫游）。

4. 水电煤卫物业费：1000 元 / 月（基本差不多这

么些，总是省不掉多不了）。

5. 饭菜油盐水果饮料：500 元 / 月（就是速冻食品超市净菜，只管简单烧煮随便吃喝）。

6. 衣服鞋袜被褥：50 元 / 月（外衣尽够，数年内无须添置，但算计些须裤袜毛巾之类低值易耗品足矣）。

7. 请客吃饭电影玩乐：300 元 / 月（请客几乎没有，吃饭无非家常。玩乐其实枯乏，电影最为频繁）。

8. 看望父母师长：1000 元 / 月（孝敬父母吃用，看望师长礼品，保姆佣金红包，每周钟点工费）。

9. 捐赠行善礼尚往来：2000 元 / 月（难得婚庆彩金，偶尔庆生乔迁，大量亲友生日，每月一千助学）。

10. 固定车位费及打车泊车汽油费：1000 元 / 月（养车必须，在劫难逃，有时打车，也是难免）。

11. 按揭利息手续费用：15500 元 / 月（养房按揭，刑期十五年；异地消费，零星手续费）。

12. 零星开支及冲动消费：1000 元 / 月（人总该有些不划算的开支，人总要有些很痛快的浪费）。

二、V 方案：立足美妙梦想的方案

五亿八千九百八十万元

1. 建一个占地 50 亩，藏书 10 万册的私人史书图书馆：投资5000万元，每年维护费100万元，一百年1亿元。

2. 买两套好房子，市内一套带电梯的公寓，郊区一套有花园的别墅，以后不再换房搬家了：1500万元。

3. 置两辆汽车开十来年，以后就不开车了：一辆中档的房车，100万元；一辆实用的商务轿车，80万元。

4. 委托国际银行理财，设一个帮助老人的小型慈善基金，每年可以花出1000万元：8000万元。

5. 一次性买足少量而考究的家具、器皿、衣着，以后也就不讲究了：1000万元。

6. 每年旅行6个地方，每次10天左右，直到老得玩不动：120万元/年，5000万元一生。

7. 穷了半生，拿300万元率性挥霍过过瘾：300万元。

8. 每天1万元生活费用加车房物业管理费3000元：500万元/年，2亿元一生。

9. 存一批名表、黄金或古董保值防老：5000万元。

10. 为父母、家人和子侄辈留一笔备份的资产：3000万元。

三、R&V 方案：结合现实与梦想的方案

赚足两千万元，拥有一生悠闲

1. 爱书买书经费要充足：200 万元（今生至少要置 5 万本书）。

2. 汽车房子一次性到位：300 万元（200 万一套房，100 万两辆车）。

3. 旅游休闲质量要保证：300 万元（每年 10 万，至少玩足三十年）。

4. 做点善事是个好习惯：100 万元（凭心所安资助几个老人学生，捐赠几个小学图书馆吧）。

5. 买好足够的养老保险：300 万元（交足五十年的养老金和大病险、人身意外险、财产险）。

6. 日常开支可以省着点：300 万元（300 万元委托瑞士银行一百年理财，至少每年有 15 万元稳定收入）。

7. 手捏存折心里就踏实：500 万元（飞机游艇别墅不要了，备上一笔活钱不怕了）。

【旁白】

爸爸说：第一个方案就蛮好，我就是觉得有没有必

要那么多？

二姐夫说：达到中间那个水平差不多了，估计还要多久？

大姐说：照最大的来。

2009-01-01 13：02：00 | By：一笑而过 | From：【共合网】一笑而过的博客

过 去

——2008 年的最后一天

0：00——

家。书房。和一个朋友通了一阵国际长途电话。

家。书房。在迅雷看了本日本电影《我的女朋友是机器人》。

家。客厅。打开电视，迷糊中似乎在放一部恐怖片，颇觉阴冷。在沙发上睡着了。

6：45——

家。客厅。醒来，电视改放湖南台《驮枪师姐》。看到 8：00。梳洗。

8：00——

上班途中。路边有人拦车，送一个病人到浙二医院急诊。

送到。不收钱，赠送200元，倒给陌生人一个新年祝福红包。

10：15——

公司。办公室。与网站部开了一个关于VI设计的业务短会。

公司。廊台。与两个员工分别交流谈话。

12：45——

农行。数笔划账汇款。

建行。向希望工程捐款2009元。意思一下。

建行。提款3000元。拟元旦开支。

14：30——

父母家。看望父母，吃中饭便饭。

西城广场。陪父亲采购一些食品和生活用品。为母亲买了一张躺椅。

17：20——

文二路。博库书店。买了二十多本书。

文一路。无名饭店。吃了一碗雪菜肉丝面。

19：00——

黄龙路。回家途中。发现齐秦演唱会。

19：30——

黄龙体育中心。看齐秦演唱会。

22：15——

江南大道。齐秦演唱会结束。回家。

23：00——

家。收拾房间。拖地板。

家。看工作笔记。写了一篇博客《我的2009》，电子邮箱账号莫名其妙被锁定。打电话网管，无人接听。

23：30——

共计收到19条祝福短信。发出58条祝福短信。

24：00——

闻涛路。钱塘江边。独自放了几串鞭炮。

来　了
——我的 2009 兼致共合网诸君

2009-01-12 13：02：00 | By：周晓 | From：〖共合网〗周晓的博客

还有两天，2008 年就要过去了，以后我会很想念这一年。

这是什么都没有根本改变的一年，这也是为未来下了很多伏线的一年。

过两天一觉醒来，就会在 2009 年的空气里睁开眼睛：

一、我的 2009 计划

1. 2009 年头上开始，要做点过日子的打算，要赚点钱、学好烧菜。

2. 要好好上班，要与人为善，要收入平稳，要心情舒畅。

3. 2009 年应该是会很空了。到 2009 年结束时，是不是该正经找个媳妇结个婚什么的，还想要个孩子。

二、我的心里话

我喜欢足球。我不会放弃观看有生之年里所有的大赛的每一场。这是我的痴迷。我不会改变。

但是我可以天黑就睡并调好闹钟，在深夜起床看欧洲杯，清晨依然 7 点起床准点上班，取消一切所谓周末周日。

这个阶段足球不是第一，我需要至少保证每天有 12 个小时的满负荷工作时间。

我喜欢电影。我依然会不时选择自得其乐地把喜欢的大片看上十遍二十遍。这是我的享受，我不会改变。

但是我可以不回味台词不回想场景，封存一切会使自己变得很希腊起来的触须。

这个阶段思想不是第一，我需要像机器人一样应对工作，并且每天保持拼命的态势。

我喜欢诗画。我无法让自己不被庄子、汉碑、唐诗、纳兰词或者石涛山水心醉神驰。这是我的灵魂。我不会改变。

但是我可以不再提诗词、不再摸画笔甚至不再装出一副有文化的样子，连博客也要以为企业写应用文为主。

这个阶段个性不是第一，我需要进入一种带功报告式的商人角色决不优柔他顾。

我喜欢花钱。我知道穿亚麻布的休闲装、看明清期的青花瓷、开用100万改装的别克君悦和在六星级酒店游泳池里品红酒的乐趣。

但是我可以每天只吃方便面或速冻水饺，可以每年买20件同样形状的外贸衣裤，可以整天没地方去花钱。

这个阶段生活不是第一，我需要把生活调到不可思议的简单以应对工作中任何课题的复杂。

我喜欢旅游。我知道墨脱和漠河、天山和南沙、特洛伊和金字塔、夏威夷和布伊诺斯艾利斯，都等了我好多年。

但是我可以卖掉羊角镐和帐篷，不看国家地理杂志，回避一切有关度假驴行之类流行的话题，对所有不安分的经历强制失忆。

这个阶段快乐不是第一，我需要用修行的境界做世俗的杂工。

我喜欢如云中漫步的风，做自在清闲的人。

但是现在我宁愿做负重的牛或拉磨的驴、秦国的甲兵或元朝的驿卒。

共合网正在战时，我辈自当用命！

这个阶段我不是第一，我们还要一起工作。

与共合诸君共勉。

【旁白】

本文根据《狂飙为我从天落——共合网二周年献辞》的原始版稿。可参看后文。此时我已经实在不大能写激情文章了。因为共合网《走向共合》要出2009年元旦专刊，费礼文来约稿，拿出半年前写的公司二周年献辞的原始版改写成这篇文章，公司各位审稿大佬认为隐约有蓝调倾向，再次被弃用。

后来拉高八度重写了一篇《战地黄花分外香——共合网2009年元旦献词》，于是顺眼通过刊出。

现在，在我自己的博客书中，我选我自己喜欢一点的这篇，弃用《战地黄花》应制文章。

人不传奇路崎岖
——在浙江大学创业论坛演讲的提纲

2007-12-17 16：10：00 | By：慕容复 | From：『共合网』慕容复的博客

很高兴有机会走进我一直最为喜欢的高校。至今，我在很多个早晨醒来时，常常有错觉，还以为我在高校里。我实在是太喜欢校园环境了。为此，多年来，我还是经常悄悄混进大学里，在食堂吃个饭，到图书馆看看书，有时候甚至什么也不干，就在校园里瞎逛。然后，就发现自己慢慢老了，装不了学生，只能做德高望重的老教授状。

今天有幸合法而堂皇地走进高校，而且有机会面对高校的精英人群，参加这个“煮酒论英雄”的创业论坛，非常高兴，也非常感谢今天会议的组织者，感谢美丽大方的主持人潘欣怡。

请大家给我30分钟，我想从三个方面和大家做个交流。第一部分，介绍一下我目前工作的共合网，一个因创新而创业成功的企业，用时10分钟；第二部分，介绍一下我个人的事业生涯，一个凭创新而得以生存的人，用时10分钟；第三部分，介绍一下我对创新和创业的理解，我会毫不保留实话实说，用时10分钟。谢谢。

一、关于共合网

第一，斗转星移：一个创新概念催生一个企业。

第二，乾坤挪移：三个创新支点建立商业模式。

第三，凌虚微步：五种执行能力保证事业爆炸。

第四，北溟神功：四个方面立足创新越做越强。

二、关于我的路

第一，我的三大人生理想。

1. 做自己喜欢的事：自由支配时间、买书不用节制、平时无须应酬。

2. 一定要做有钱人：大学里目标是10万，后来修正到100万，现在觉得至少要几千万才够。因不擅理财，测算的额度不一定准，多点钱总是好的。

3. 希望能早点退休：大学里目标是 20 岁前学遍各种才艺、30 岁前恋爱结婚生子、40 岁前赚够退休。现在都还没如愿。很失败。

第二，我的十八年工作历程。

1. 高校六年：从农村锻炼到浙大留校，享受青春，积累能量（觉得年纪太小，反正也成不了大事）。

2. 广告六年：从画斑马线到世贸中心，不惜体力，贵人相助（总是运气不佳，所幸总能咸鱼翻身）。

3. 网络六年：从领带在线到网络传媒，创新为本，执行为王（也只有依靠脑袋和身体这两项本钱）。

第三，我的 5 次四年轮回。

1. 1986 年墨西哥世界杯，第一次白手起家，12 元本钱——算是从事商贸业吧。看球误了高考，摆馄饨摊贩香蕉高复，半年赚到 5 千元学费和生活费；大学时经济自立，每年靠稿费和卖画赚数千元，还能资助同学和赞助几个贫困山区学生。

2. 1990 年意大利世界杯，第一次创业，1 千元资本——该是金融投资业吧。学潮之后下乡锻炼当了一阵子村干部，20 岁囊空涩涩，意外得到了 1 千元补发工资；回杭后靠 1 千元为本做股票，一年里翻 20 倍到 2 万元，拿着 2 万元开始做期货，三年翻 50 倍到 100 万元；1994 年赚到百万，第一次退休，浙大辞职，准备买车当出租车司机。

3. 1994 年美国世界杯，第二次创业，20 万元资本——影视业。期货投资失败，第一次破产欠几十万元，30 岁重新打回起点，一贫如洗，到上海从画马路斑马线重新开始，靠一次奇遇获得一个陌生人 20 万元投资，重新起家还清债务。1998 年赚到点钱选择第二次退休，买房置车，进了世贸中心管理公司做企划总监。

4. 1998 年法国世界杯，第三次创业，180 万元——网络业 / 广告业。年初一次意外机遇，因创新的 CIS 服务模式，获得了一笔投资，创办广告公司；10 天后又一次意外机遇，因创新的电子商务计划，获得百万投资，创办电子商务网站，两个不同行业的公司在两地同时开工。2002 年赚到点钱又选择第三次退休，做自由职业的平面设计师。

5. 2002 年日韩世界杯，第四次创业，300 万元——房产业。赶上房产热潮，依然是一次偶然，上海一家投资公司收购了我的杭州公司，因创新的二线城市房产包销模式，开始做房产营销项目。2006 年初，第四次退休之际，遭遇第二次破产，卖尽房子汽车，40 岁再次轮回，沦为赤贫。

6. 2006 年德国世界杯，第五次创业，100 万元。一次不是机会的机会，和朋友共同出资创办共合网。两次机会使共合网得到千万美元风险投资。目前共合网正在赚钱，希望又在眼前。

7. 2010年南非世界杯，我希望能带着足够的资产，真正开始向往了二十年的退休生活。

三、关于我的创业感悟

第一，机会。

1. 机会不可复制，人人机会不同，机会总是有的。创业成功靠机会，更靠能抓住机会；机会抓住一次就有多次，失去一次永不再来。

2. 我肯尝试创新模式，肯吃苦做最底层的事，也肯吃亏做不划算的事，所以机会就会多一点，总有事可做，常有人投资，这是公平的。

3. 而我本意并不想迎接挑战创新创业，总是创新创业意味着总是从头开始，特别累。

4. 只是我运气一直不好，比别人更辛苦，承受更多压力，这叫做无可奈何，谁也不想这么辛苦地传奇！

第二，创新。

1. 创新要能实用：创业不一定要创新，创新不实用不如模仿，不要一味求新，要符合市场。

2. 创业量力而行：不要在自己不了解的行业做，不要常改行，做牢一行更能成功。

3. 创新不能多变：创新只是开端，好项目都是简单易行、可复制、不常变的，模式定了就要坚持。

4. 执行没有捷径：创新东西做不起来一钱不值，要像最傻的傻瓜一样做事，想得到要做得到。

第三，时机。

1. 创业时机不需太早，越晚越能成功，不要十八九岁就一心独创。

2. 输一次还好，只是折了锐气，输几次就没有翻身的本钱了，老是输就没有人愿意帮你了。

3. 要定位自己，不要在低级岗位上做死和放弃追求高度。

4. 成功是有台阶的，上一层才能做更高一层，心太凶跳级发展容易崩溃，没有人能随随便便成功。

5. 什么时机做、做哪行、怎么做其实都差不多，看是什么人做。

第二辑 心情

2008-04-28 15：15：00 | By：笑忘书 | From：【共合网】笑忘书的博客

境由心生

窗外白雪漫漫。家里空调很暖。躺在床上看书。阳光洒到书上。2008 年 4 月 28 日是一个舒服的下午……

影片《茜茜公主》中的弗兰茨皇帝与茜茜约定打猎。茜茜公主用自己老爸教给女儿的语言，转念告诉弗兰茨皇帝：当你感到烦恼和忧愁的时候，你就来到大自然里，呼吸和遥望一下大自然的清新。你就会从每一棵树、每一朵花、每一个有生命的东西里，看到奇迹无所不在。就会感到安慰和力量。

境由心生。

神圣的足球·廿年的恋情

2008-06-07 23：32：00 | By：笑忘书 | From：『共合网』笑忘书的博客

左手半个西瓜，右手一台手提。零食准备好了，水果准备好了；靠垫准备好了，闹钟准备好了。

频道锁定，门窗关紧，手机关掉，我在等待。等待二十年来从未错失一场的神圣赛事。

10 分钟后，我会和我的生活如约相逢。

30 天里，我将让我的深夜时间停止。

【旁白】

欧洲杯即将开始，这是节目单：

场次	开赛时间	比赛地点	组别	对阵双方
1	6月8日 00：00	巴塞尔	A组	瑞士VS捷克
2	6月8日 02：45	日内瓦城	A组	葡萄牙VS土耳其
3	6月9日 00：00	维也纳	B组	奥地利 VS 克罗地亚
4	6月9日 02：45	克拉根福特	B组	德国VS波兰
5	6月10日 00：00	苏黎世	C组	罗马尼亚VS法国
6	6月10日 02：45	伯尔尼	C组	荷兰VS意大利
7	6月11日 00：00	因斯布鲁克	D组	西班牙VS俄罗斯
8	6月11日 02：45	萨尔茨堡	D组	希腊VS瑞典
9	6月12日 00：00	日内瓦城	A组	捷克VS葡萄牙
10	6月12日 02：45	巴塞尔	A组	瑞士VS土耳其
11	6月13日 00：00	克拉根福特	B组	克罗地亚VS德国
12	6月13日 02：45	维也纳	B组	奥地利VS波兰

13	6 月 14 日 00：00	苏黎世	C 组	意大利 VS 罗马尼亚
14	6 月 14 日 02：45	伯尔尼	C 组	荷兰 VS 法国
15	6 月 15 日 00：00	因斯布鲁克	D 组	瑞典 VS 西班牙
16	6 月 15 日 02：45	萨尔茨堡	D 组	希腊 VS 俄罗斯
17	6 月 16 日 02：45	巴塞尔	A 组	瑞士 VS 葡萄牙
18	6 月 16 日 02：45	日内瓦城	A 组	土耳其 VS 捷克
19	6 月 17 日 02：45	维也纳	B 组	奥地利 VS 德国
20	6 月 17 日 02：45	克拉根福特	B 组	波兰 VS 克罗地亚
21	6 月 18 日 02：45	伯尔尼	C 组	荷兰 VS 罗马尼亚
22	6 月 18 日 02：45	苏黎世	C 组	法国 VS 意大利
23	6 月 19 日 02：45	萨尔茨堡	D 组	希腊 VS 西班牙
24	6 月 19 日 02：45	因斯布鲁克	D 组	俄罗斯 VS 瑞典
25	6 月 20 日 02：45	巴塞尔	1/4 决赛	A1 VS B2
26	6 月 21 日 02：45	维也纳	1/4 决赛	B1 VS A2
27	6 月 22 日 02：45	巴塞尔	1/4 决赛	C1 VS D2

28	6 月 23 日 02：45	维也纳	1/4 决赛	C2 VS D1
29	6 月 26 日 02：45	巴塞尔	半决 赛	A1－B2 胜者 VS B1－A2 胜者
30	6 月 27 日 02：45	维也纳	半决 赛	C1－D2 胜者 VS D1－C2 胜者
31	6 月 30 日 02：45	维也纳	决赛	冠亚军决赛

我的电影禅

2008-04-22 03：22：00 | By：笑忘书 | From：【共合网】笑忘书的博客

近年的娱乐唯以看电影为主，其中四部电影让我心有所动，心有所思，心有所感。——《后天》看了五次，《特洛伊》看了两次，《生日快乐》看了三次，《集结号》看了四次。看电影看到悟出点禅意。

《后天》：世事终究无常，人类终究渺小

大自然真正发威，人类只是恒河之微尘。任何 个生命都很可贵，而且生命就这一次，不要浪费了。“我为了未来拼命学习知识，谁知道却没有未来！ ”片中这句话最让我感慨叹息，再加上强烈的冰川灾变人场面

的视觉冲击，预言式的警戒思辨意识汹涌而来，电影散场出门总是恍恍惚惚幻象不散，哪里还会把生活中的些须得失悲欢放在心上！人生如梦，万事看开。

《生日快乐》：有的事注定不说，有的人注定错过

这部电影是以刘若英的真实故事为蓝本的，由刘若英自己演自己更是荡气回肠：在日本地震之夜小米躲在桌子底下给小南发短信的情景，在喜洋洋的闹市里小米听小南说要结婚开着车一圈一圈地围着停车场绕圈的情景，在小南临终听着小米的钢琴曲音带慢慢合上眼的情景，在小南死后两年小米生日还是如期收到小南手机短信的情景，在片尾小米教课弹奏舒伯特降B大调即兴曲作品142号的情景，是要看到第五次才会。片中小米小南一共唱了四遍《有多少爱可以重来》，而爱不可以重来。理所当然的一对，总也不能在一起，都市的孤寂中，脆弱的人一次又一次地寻找、错过、等待、逃避，真的就那么难以去表达和承诺吗？佛也说：惜缘，惜福。

《特洛伊》：向往史诗时代，向往如此精彩

那时物质很简陋，那时英雄很轻生，那时生命很

脆弱，那时战争很简单。也许那个时代不是最有意义的时代，可是那个时代才是最值得经历的时代。“If they ever tell my story，let them say…I walked with giants. Men rise and fall like the winter wheat，but these names will never die. Let them say I lived in the time of hector…tamer of horses. Let them say，I lived in the time of Achilles.”

很多人都有英雄情结，我也是。这点我不打算克服，条件允许我甚至很想纵容。

《集结号》：有些时候没有退路，有些事情只有硬挺

“听不见号声，你就是打剩下最后一个人，也得给我接着打下去。”军令如山，一语成谶。跨过奈何桥的九连果然只剩下了一个人。《集结号》的47个战士，面临着一个没有选择的任务，战士决意效死士，壮士捐躯为烈士。理解谷子地们的选择，假如我的生活中，需要狭路相逢的搏命，不得不为的牺牲，我也会选择顶上去。有时候这就是男人的命。

2007-12-16 21：10：00 | By：笑忘书 | From：〖共合网〗笑忘书的博客

浮生六记

思想是空的，心情是重的，笔头是涩的，家里是静的。

本来，动笔至少会写三五百字，可是今晚确实手下生涩写不下去。

明天要做体检。这个身子也就自己知道冷暖，不知道体检结果如何。心情很矛盾：照理说应该了解自己的身体。再想又宁可什么都不知道。

上次体检还是 2002 年。都说身体是本钱，几年来总拿身体做本钱。这几年不做体检，主要是心理作用：自己除了身体也没有什么本钱，既然此物已经押上赌了，还能太多料理吗？就像上了战场，战死也应该活着是侥幸。

检查了，发现有问题，那时是停下来保养（有这个资格吗），还是豁出去算了（真能舍得吗）？所以不知道反而无知者无畏。

明天揭开这个谜，祸福难说。想着心事散记睡前的念头——

一

很想过一段无所事事的生活。快意买书、任意睡觉、随意游逛。

二

很想科学发达了，晚上可以把头卸下来歇歇，这样是不是颈椎就不会像现在整夜整夜地疼得要命。

三

还需要买一个大别墅，让我们家十来口人可以住在一起或者至少周末可以住在一起，一如小时候。

四

天性是喜欢付出不是欠债欠情的人，算算至少有七八个人，我很想分别赠送一笔钱，或报答或援手。

五

该娶个温良清秀的妻子，想生个知书达理的儿子。让妻子抱着儿子向着爸爸妈妈叫着爷爷奶奶。

六

想健健康康地活到老，我能够想到最浪漫的事，就是老了，退休了，安稳了，这个辛苦的身子就可以吃点好的，每天睡足，不必理会事务，喝着热茶，听着音乐，晒着太阳，看着小区里的孩子在打闹，想着自己的曾经年少。

【旁白】

浮生扰扰，怜我戚戚；未遂凿凿，是有六记。

对不起，我的身体，我的唯一原始投资股东。叹一口气，睡吧，明天早起。

闲人之囧

2008-11-17 23：46：00 | By：慕容复 | From：【共合网】慕容复的博客

——8 个人在有方砖的人行道上走路，特意隔了一格一格来走，每一步都很细致地在格子内。

——3 个人打着伞走路，总是转着那把伞，让水珠四处甩开。

——5 个人故意向屋檐雨大的地方走去，听雨噼里啪啦地打在伞上。

——4 个人莫名其妙偷偷地笑。

——4 个人边走边唱歌，看见有人走近就赶紧停住，东张西望做无辜状。

——1 个人玩那种有很多泡泡的塑料膜包装纸，把泡泡 个 个按破。

【旁白】

这篇文章是2008年2月14日深夜写的。本文充分反映了在情人节，单独过日子确实很无聊。文章原名是《在西城广场观察世相四小时：四种休闲人》。由四篇组成，分为“闲人之囧”、“恋人之囧”、“老人之囧”和“怪人之囧”。本书仅选其一章，看个意思。

郁闷

2008-08-07 08:12:00 | By:慕容复 | From:【共合网】慕容复的博客

昨晚，要约谈事的人改在家打麻将了。

本来和伊约好在香格里拉吃大餐的，已经订了菜、留了座、下了定。结果是自己一个人极其精致地吃了一顿极其不合口味的意大利餐，极其像个精致到虚伪的上海老克勒。

餐厅里放着 MJ 的慢歌，这很难得，很少有西餐厅选这样的背景音乐的。老板必也是一个过来的人。恶狠狠咬着六分半熟的牛排纪念上世纪的音乐纪念 MJ。

我没想一定要长大，是年龄逼了我长大。我也没想打搅这个世界，是这个世界老是在烦我。

前天日全食，今晨暴雨。天气近来也不很地道。窗外西湖怎么看都不是很顺眼，梧桐树也是无精打采地特别对不起夏天。

我也眼看要奔五张了。

已经尽量吃得很慢了，晚上还是多出来大把时间。

后来实在还是无所事事，所以很早就回家洗洗睡了。

【旁白】

偶尔意识流一下。这种文体总是在特别有点心理问题时被用起来。

那天没有约到那个人，是那时心情不好的源头。那是谁？为什么？细节当然不会说了。有些事情是要让它烂在肚子里的。

MJ是指迈克尔·杰克逊。还记得那天意大利餐厅里反复放着《OFF THE WALL》里的几首慢歌，感觉是DJ自己听陷进去了，一直反复一直反复。

宁 夏

2008-06-17 03：41：00 | By：慕容复 | From：【共合网】慕容复的博客

今天下午，难得有一个星期天的半日悠闲，驾车走过北山路。

西湖上一片片的荷花开得晃眼青春逼人，沿途一群群的游客奋勇迎着烈日东张西望，马路当中一系列警察一边挡乱了车道交通一边满头大汗耀武扬威地吆喝车子让道，红灯时分一个大妈狠命地敲着车窗抛着讪笑向我兜售玉兰花，无数店铺里无数音响喊着无数音阶分声部对唱似的推介着无数充满意义的低廉礼品，无数大门外无数导游举着无数小旗驱赶鸭子似的驱赶着无数带着傻帽的旅游团队……

天气很鲜明，阳光很开心。不小心摇下了车窗，一阵热浪不由分说猛然扑个满怀；放大音量，车载歌曲很嚣张而白痴地一路抛洒，引来路人纷纷侧目；一个也就五六岁的小女孩，抱着啃着一个大玉米棒小心翼翼地横穿马路。

于是突如其来一阵感慨：夏天真好。西湖真好。生活真好。

生活真的美好，真想为此跟谁拼了，真想猝死在这个下午，真想一头扎进这个西湖，长出绿发变身一支荷叶任谁叫也不回车倒带，凭暖风而痴守，度一夏而涅槃。

【旁白】

原文章尾上的附言：

今天子夜，经过一场突然变脸的暴风雨，窗外倒了一棵树，视线所及遍地枝叶狼藉，却依然对下午的情境心驰神往，坐在电脑前默默回味。然后笑了笑，开始写下周工作设想。

现子夜回味的感触：

每个人大概都有一阵一阵心情特别好的瞬间，世界很美好，烦恼无所谓，朋友都善良。可惜郁闷感如油价上涨，动不动就来一遭；幸福感如油价下调，难得一次还迟早要涨回去。

奢侈

2007-07-23 01：56：00 | By：一笑而过 | From：【共合网】一笑而过的博客

——想在舒适堡办一张常年健身卡，准点下班了去跑步做运动，所有必须晚上要定的事留着上跑步机边漫步边寻思，所有必须当天要见的人约了到舒适堡的休息吧边喝茶边交流。

——想在每天 24 点以前关手机关台灯关大脑，不再在凌晨 3 点钟非逼自己起床兜头倒杯冰水赶写文案，不再到后半夜开车上高速公路并且在眼皮上使劲抹风油精驱赶瞌睡。

——想在大理的酒吧看看老外表情，在北京的胡同听听侃爷说事，在越南的街头骑骑摩托，在杭州的柳浪闻莺深处欣赏老票友起板胡过门和越剧唱段。

——想在九龙山海滨浴场穿着大花沙滩裤，戴着大块太阳镜，翻着大叠漫画书。

——想在办公室里放个电视机，在车上备一套网球拍，在家里养只酷卡狗。

——想在韦博学一口极度专业的商务英语。

——想在西湖会度过每一个周末下午。

——想在博客上吸引一百个好友。

——想在厨房烧一条鱼。

——想在床上躺着看书。

——想漫游意大利。

——想移民西班牙。

——想过星期天。

——想要稍微堕落一点的生活。

念 旧

2008-03-29 14：41：00 | By：一笑而过 | From：【共合网】一笑而过的博客

第一个手表是西铁城石英表，九年前获赠。这算是一个非常特别的礼物了，此前近三十年居然从未有过手表！她是黑色的表面，在全黑的时候有蓝色的夜光。初戴的很长时间左手都有一种奇异的感觉，常在深夜的被窝里，一遍一遍看荧光仿佛和她在谈心，即便有褪下之时总是很小心地表面朝上，不敢轻有磨损。忽一日在曲阜，表带毫无征兆地断了，小心翼翼地用一只绒线手套包了带回杭州，一直找不到可以修的地方。数日前在一个存细软的木盒里，看见她静静地酣睡着，竟也容颜迟暮暗无光泽了，心下恍惚，若有所失，时间不语，表似有灵，这只手表我自会终身收藏善待。

第一套房子是城西桂花城。八年前入住。从 12 岁就向往有一个完全属于自己的空间，搬家进去的第一天，在凉凉的地板上安安静静地坐着，真感觉是圆了二十多年的梦想，特别感慨。此后数年，像养孩子一样地为这个房子在装扮：精制蓝色的地板、蓝色的厨房、蓝色的窗帘以及蓝色的床单被褥之类固然很费了点心思，召集蓝色的沙发、蓝色的电话、蓝色的台灯甚至蓝色的饮水机却真的很需要用心和机缘的。房子是卖了，但是多年来不管住在怎样的屋子里总有客居的惆怅，多年来几乎所有梦到在家时，依然是那个家的样子。后来，从未再看过她一眼，然唯如亲儿，淡似菊影，挥之不去，深埋在记忆里了。

第一辆汽车是别克赛欧，七年前购买。那一天，本来没有买车的想法。只是路过石祥路，正赶上一个车展，那天阳光明媚，那辆红车在光线下是那样炫目，几乎是在一种梦幻的醉心里，立即买了下来。前三年里，小别每晚一直是睡在车库里的，几乎看不出来的一丝划痕也会心痛叹息，每逢雨雪例不出勤，亲如手足，爱若小星。现在，这辆车已经易主。一次在高架上不经意瞟见一眼，她就在左前，很旧了，一身风尘，油漆斑驳，到处是磕碰伤口，谅亦再不会有人修整外表。驾车的是个粗人，一只夹着烟的手搭在了车窗外。明知道小别没有生命，也不由仓皇离开，不忍回顾，一阵辛酸。

那么，第一段感情又是怎样的呢？快乐吗？伤感吗？美丽吗？奇异吗？已经设法失忆成功了吗？已经藏好永不回想了吗？或者，有吗？或者，算是有吗？

哦，这个，我不说……

1998-08-31 | By：周晓 | From：一本工作笔记的最后一页

一份账单

这是我的一张欠账单：

黄琼如　5000 元

高　政　10000 元

洪　飞　10000 元

杨　胜　8000 元

高德明　2000 元

汪飒爽　9000 元

沈朝晖　10000 元

许　翾　1000 元

徐刚骅　5000 元

吴祖刚　7000 元

朱小青　10000 元

郭佳峰　25000 元

程树凯　90000 元

徐汉杰　30000 元

郑　逸　110000 元

杜丽珍　60000 元

王丽萍　8000 元

林　洁　1000 元

赵燕玲　3000 元

何向明　4000 元

王　辉　5000 元

陈海刚　4000 元

许敏艺　2000 元

俞志远　1000 元

沈剑涛　20000 元

翟宝菊　4000 元

程小伟　10000 元

汪慧峰　4000 元

姚虞坚　3000 元

郑荣富　5000 元

金　波　3000 元

陈　斌　30000 元

楼永神　5000 元

张四纲　30000 元

顾真理　4000 元

这张欠账单名单共计 35 人，欠款累计总额 534000 元。

这张欠账单已经藏了十几年了。

1995 年期货投资失败落下大亏空，向很多人借了钱。

有的人还是再向别人借了钱借给我的。

很多人在借钱给我的时候，都说就是帮帮你没关系的，不用急着还。

绝大多数人在我还钱给他的时候都坚决拒收利息。

很多人很多年来一直都在设法帮我并找出各种机会让我赚钱。

后来用了三四年才把单子上的钱基本上连本带利一一还清。

而欠这些人的这些情份的债务实际上是永远还不清的。

这张欠账单我会永久保留着。

【旁白】

在这份大名单里，第一个要感谢的人是郑逸，给我的借款使她的生活改变了很多，也使她的生活艰难了很多年。太重的一份负欠不知如何回报。

特别感谢程树凯先生，当时他只是我一个朋友的老板，没有直接的交情，在我说明了我可能一时还不起的前提下，还是慷慨解囊相助；最后一笔还款我直到1998年8月才还清，期间我们偶有见面，程先生一次也没有提过钱的事。

特别感谢郭佳峰先生，当时他拿出100万元托我投资期货，受我的消息面误导，亏得只剩5万元。并未怨我，反而借了我25000元。后来他到长沙做房地产，一直联系不上，这笔钱成为我至今还未能归还的最后一笔老账，挂在心上。

还要特别感谢杜丽珍和高政。

其实，还有一个人，叶坚定也是要特别感谢的。

我一直很珍惜和吴祖刚、姚虞坚、马泳几个人的患难交情，也很想知道黄晓为等老朋友现在人在哪里，过得怎样。

很多故事在这份账单的后面，我无法说出来，但是我都会终生记得。

感谢每个帮我的人，无论是借过钱，还是给过一句鼓励的话，我都要感恩。

感恩一生。

2008-05-14 04：19：00|By：周晓|From：《走向共合》汶川专题版

给共合网工会主席李冰的一封募捐建议邮件

李冰：

我们努力赚钱、认真工作是为了创造幸福的生活，我们和生活工作的整个社会是息息相关的，我们的内心总有一分责任心和公德心存在。打开电视，拿起报纸，这两天都是四川地震的消息，在我们安稳工作和愉快生活的同时，发生在我们同一个世界的另一个地方的灾难甚是让人揪心。我总觉得我和我们共合网的同仁此时应该做点什么。

我建议工会是否在公司内部倡导发起一次自愿募捐行动，为灾区尽一份心意。当然我们的力量也有限，做点量力而行的作为，总是有效的贡献，带一份良心、起一份善念是人的本分。

我们共合网拥有优秀的员工团队和亲和的风气，企业在关键的发展时刻，相信这个募捐善举会得到大家的赞同和支持。

周 晓

2008 年 5 月 14 日凌晨

【附录】

我叔叔周仲源参加三峡工程，汶川地震时正在德阳，曾数日失去联系，全家十分挂念，后知幸而无恙。

共合网总部当天即捐款 31.5 万元人民币。我个人亦裸捐了自己的所有存款和现金。现摘录《共合网工会关于向四川地震灾区捐款的倡议书》：

2008 年 5 月 12 日 14 时 28 分，四川汶川县发生里氏 7.8 级地震，造成巨大的人员伤亡和财产损失。人的生命是最宝贵的。看着无数无家可归的人们，看着不断攀升的伤亡数字，看着受灾现场的残垣断壁，每个人的心中都会涌起无限的哀思和捶叹。伸出我们的双手，献出我们的爱心，以捐款方式为受灾人民提供援助，帮助四川汶川县灾民渡过难关！

在地球的大家园中，在世界的每一个角落，我们共同承受着生命的疼痛。我们充分理解他们的心情，因为我们对生命有着共同的尊重，更因为我们都是中国人！

作为发达地区的浙江，作为专业的媒体人，我们发起倡议，建议以“共合网人”的名义向四川地震灾区捐款。希望共合网人捐出爱心，捐出共合网人的风范！朋友们，请伸出你的援助之手吧！你的一颗爱心就可能救助一位处于风雨之中的四川灾民，让他们看到生的希望，这是何等的无量之德啊！

最后，向在四川汶川县地震中遭遇不幸的罹难者表示深切的哀悼，向受灾人民致以诚挚的问候！我们相信四川汶川县人民一定会战胜这次地震带来的困难，重新建立美好的家园！

募捐原则：

“本次募捐活动由共合网工会发起，秉着自愿原则，向我们四川灾民奉献自己一点点心意。”

募捐方法：

（1）总部工会、行政以及各分公司常务副总经理、行政总监组织好本次的募捐活动。

（2）详细记录员工募捐的金额。

（3）各分公司把所有募捐的金额连同募捐名单以表单形式发给共合网工会主席。

（4）最后由共合网工会把所有募捐的金额移交给上级援助单位。

募捐截止时间：

2008 年 5 月 14 日 16：00。

喜欢曾轶可

2009-07-23 02：18：00 | By：慕容复周晓 | From：慕容复的博客

从头到尾看了全部曾轶可的比赛。也全部下载了有关她的所有视频和照片存在电脑里。

先是喜欢了她写的歌词。真的很有意思，都是有些言外之意的双关语，还有很多旁观生活的好体会。我相信高晓松是有点意会的，就是他点评太夸张太自恋太没有腔调，反而把一个好小孩力挺得不伦不类了；而包小柏之类不解风情的岛民，从小靠刻苦锻炼学出来的音乐，能懂什么是唯美什么是灵气？一副黑山老妖的嘴脸，根本就不配听曾哥。

后来更是喜欢了她耷拉的眼皮，喜欢她懵懂的短发，还非常喜欢她自说自话的声音和似笑非笑的语气

（不是指她唱歌的绵羊声，听她唱歌还是吃力的。是她说话的味道，听她说话可以上瘾，实在淡定懂事得让人很想把她捧起来亲两口）。

曾轶可真的是从天上迷了路掉下来的天使。要是二十年前，就追了去看她的决赛现场；要是十年前，就发狠心争取和她谈一场恋爱。可是二十年前、十年前都还没有遇见过这样的女孩。

现在不可以了。只偷偷欣赏一下当然没人管，总不能公开变态示好的。

搜集了一些曾轶可的原创原唱歌曲的网址：

《白色秋天》

http：//vfile.home.news.cn/music/public/vd05/200906/23/5f/MUfs05200906231333308505fb806.mp3

《最天使》

http：//vfile.home.news.cn/music/public/vd06/200907/04/1d/MUfs0620090704220805521dca71.mp3

《狮子座》

http：//vfile.home.news.cn/music/public/

vd06/200906/27/bb/MUfs062009062722554850bbe7c4.mp3

《多余的流星》

http：//vfile.home.news.cn/music/public/vd05/200906/23/8d/MUfs052009062313352851 8df5a2.mp3

《视觉系》

http：//dl.cdn.kuwo.cn/resource/m2/newmusic/2009/07/06/3913263130.wma

《还能孩子多久》

http：//vfile.home.news.cn/music/public/vd06/200906/27/bd/MUfs062009062722561650bd7e1a.mp3

《勇敢一点》

http：//dl.cdn.kuwo.cn/resource/m2/newmusic/2009/07/01/2269706690.wma

《你是我最好的朋友》

http：//vfile.home.news.cn/music/public/

vd05/200906/23/8e/MUfs052009062313363 4518ea2d9.mp3

《景》

http：//x2.gxeeacn.com.cn/678//200907/09/景 曾铁可 .mp3

《故意》

http：//x2.gxeeacn.com.cn/678//200907/09/故 意曾铁可 .mp3

《等你回来》

http：//x2.gxeeacn.com.cn/678//200907/09/等 你回来 曾铁可 .mp3

《no tomorrow》

http：//x2.gxeeacn.com.cn/678//200907/09/No Tomorrow 曾铁可 .mp3

《goodnight》

http：//x2.gxeeacn.com.cn/678//200907/09/Goodnight 曾铁可 .mp3

梦里花落知多少
——我的情感故事

（全文略）

【旁白】

文章仅留题目似水无痕，故事烂在心里从来不说。

第三辑 作文

1. 素描韩信
2. 守候独白
3. 细雨梦回
4. 寂寞如风
5. 新舞林志
6. 一语成谶
7. 恭祝新禧
8. 琅嬛小语
9. 非常无聊
10. 激活传媒资源·共合神仙佳偶
11. 轮回
12. 闻高鸣识韵冽
13. 在城市未来之畔，在梦想现实之间

素描韩信
——15岁时写的一篇得了零分的作文

2008-01-23 20：17：59 | By：韩寒2 | From：【百度贴吧·韩信吧】韩寒2

韩信是楚汉相争时期的著名的大将。他小时候家贫，依靠漂母怜悯而生活，接受亭长夫妻的“嗟来之食”，遭受地痞恶少的“胯下之辱”。后来从军到项羽部下，因得不到重用而投刘邦，被拜为大将。韩信有杰出的军事才能，在楚汉战争中率军破赵灭齐，为汉朝的统一立下了不朽的功劳。汉朝建立后，韩信与相国萧何、留侯张良同为开国元勋，刘邦封为楚王，后因收留楚将钟离昧而被降为淮阴侯。后来陈稀叛汉，有人告发韩信与陈稀勾结，吕后就与萧何密谋诱杀韩信于长乐宫。

韩信的人生为什么会这么彻底失败呢？我研究了历

史，从韩信身上总结了几条非常有用的人生经验：

做人平时不能太精神。我相信韩信带剑是为了让自己更精神抖擞，问题是你不想杀人不敢打架成天背把剑想做什么？有人看不顺眼是很自然的，我看韩信的“胯下之辱”根本就是自找的；不信我们的语文老师若是身上弄个盘龙恶虎的刺青，到大流氓眼前晃来晃去试试，这不没事找抽吗？一个人不到必须发狠的时候，没有必要整天弄得义和团一样兴奋；所以老师不要老是给学生打气，学生平时韬光养晦，关键时才能精神大振，做得成大事。

报恩通常很难报得好。韩信为人很好，知恩图报。所以漂母一饭之恩他要用赏赐千金报答，但是任命那个辱己之少年令出胯下者为楚中尉相当于省公安厅长，对那个下乡南昌亭长来说只赐百钱，就不太公平了：漂母就是请了一顿稀饭，亭长可是天天养着他吃了好几个月的饭的！太想知恩图报，常常会摆不平事情，好事变成坏事，未来谁对谁回报大是算不到的。老师要想开点，最好也不要老强调学生要用成绩回报老师，弄得学生好像欠了老师似的，否则每次都考第一的学生一旦失手考不上大学反而会伤透了老师的心。古人倡导的“知恩不图报”才是美德。

好事是很难做长久的。韩信非常乐于助人，楚将钟离昧来投奔他，他就毅然收留了。但是后来刘邦一逼又只好把钟离昧杀了，帮忙不到底还不如不帮好，至少钟离昧自己去逃亡，刘邦还真不一定抓得到。所以说想做好事，一不小心就会变成做了坏事。老师积极监督学生学习动机是好的，抓得太紧把学生都带傻了那就不对了，老师要理智点，终究不能代替学生学习的。还不如把学生提前放生，让学生自由发展成参天大树。

事业心太强就会伤了别人的利益。刘邦派郦食其劝降齐国的时候，韩信为了取得事业的成功就开始进军齐国，后来韩信虽然打下了齐国，结果害得郦食其被齐王杀了，而且以后没人敢和他共事了。所以学生要努力学习只管埋头学就是了，个别积极分子表现过头就会给大家都带来喘不过气的压力，那就是害群之马了。老师不能鼓励那些特别用功半夜还在看书的学生，全班的成绩都好才是老师真正的成功。

太有理想志气者就会贪心不足，终自取毁灭。韩信生于公元前 230 年，208 年 22 岁时就在项羽军中任郎中将，差不多是师长了，其实项羽待韩信不薄的。韩信因为心志高远弃楚投汉，24 岁时就当了汉军大将军，大概是国防部长了。但他还不知足，竟然趁刘邦难中逼着要求封齐王，刘邦也算非常厚待韩信了，建国后封了他楚王，要知道那可是以前项羽的位置！甚至比齐王还要地广势大。而韩信还是心不足图谋反，后来 34 岁即被处死，其实早已伏祸在前了。可以说志向太大害死了韩信。老师不能再用拿破仑、爱因斯坦和成吉思汗以上级别的大人物来鞭策学生，那真是会害了学生的，所以我们的人生目标定到差不多就行了，要知足，知足才能常乐，知足才会实现人生目标，志向越高人生越悲惨，韩信就是前车之鉴。

我们刻苦学习历史，是为了悟出人生道理，指导今天的人生；以史为鉴，各位老师都可以悟到很多道理，知道一辈子宁静淡泊，不再动不动神经过敏。

【旁白】

这篇指桑骂槐的文章，得零分当然是正常的。但是现在看看还是很有意思的，文风口气和现在的我比也差不多了，当然另一方面也说明我的文笔这几十年就没长进过。14岁时我还有篇《溪边吟》也是一时名著，气坏过一批政治老师的。本想一并选入，因为后面还选了风格类似的一篇《新舞林志》，只好雪藏。

守候独白

——17 岁时写的一组莎式的十四行诗

2007-08-20 17：41：00 | By：一笑而过 | From：『搜狐博客』一笑而过的博客

守 候

——凡凡说

我原是一位公主

拥有财富无数

假装成　黯淡的

乞丐

是想乞讨

一份真心

我原是一位公主

拥有欢乐无数

故意地　写满了

忧伤

是想得到

一份关心

掩盖了美丽

披一身孤独　无助

在凄迷的雨中

惶惶地

向你走来　愿你

愿你终于

能够认出

我的一颗心

守　候

——平平说

那时候　我

摇一串会响的铃铛上路

那时候　我

不知有深藏的寂寞

不知有冷落的清梦

不知道路有岔道

不知道岔道口有你固执等候

我不能再这样　息了铃

在岔道口　一遍又一遍

彷徨　我不能再这样

没有了向前的方向

或者　你走开

把岔道封堵了吧

让我毫无退路

困惑不已地摇铃

我害怕

面对了守候

独　白
——凡凡说

你是一个好傻的男孩

我却一直为你的聪明所惑

你读懂了我的全部诗文
没能读懂我的心
你甚至好气人地
打听我心里男孩的名字

你是一个好傻的男孩
我却一直为你的聪明所惑

我痛苦得不再有歌
你却一直笑嘻嘻
我沉重得不再游戏
你还一直笑嘻嘻

你是一个好傻的男孩
我却做不到不爱

独 白

——平平说

你说你会离开

我从不当真
你说你真的会离开
我从不在乎

当你的歌声停止
当你的身影不再相随
我发现日子是一片空白
伤心欲绝

告诉我何时回来
结束这漫漫无期的等待
告诉我你会回来
太阳和我们同在

心里涨满了哭的情绪
我在日记里写下你

【旁白】

17岁的时候，我们学校依律是规定男女同学不准交往。

一个星期天的下午，有个陌生女孩子猛敲我家院子的大铁门，然后一只脚跳着进了我家，自我介绍叫凡凡，因为脚扭了正在养伤，听说我养了几只鸭子，特来看看。

后来她就给四只小鸭子喂吃冰棍，后来鸭子吃了冰棍就都死了。后来到机场旁边下葬鸭子时两个人都有点难过。后来埋好鸭子烧完纸钱，我们相约假装谈恋爱，要互相写诗、偷偷约会、平时想着对方。

我们说好只是尝尝恋爱的味道，不能当真，不准动心。

细雨梦回
——19岁时写的一个酸掉大牙的小说

2007-08-20 23:23:00 | By：一笑而过 | From：【搜狐博客】一笑而过的博客

窗外是密密的秋雨，轻轻点滴着纤细的故事。兰子在窗前看呆了，兰子想：细雨真像一个满怀心事的少女。

兰子在窗台上点了支红蜡烛，开始看信，看一封烧一封，兰子的故事一个个这样烧了去了。兰子明天要嫁了，兰子要忘记一切故事，学做一个美丽的温柔的心静如水的小妻子。

终于，手上只剩下四张晨的贺卡，兰子认识晨五年了，只收到晨的四张贺卡，兰子给晨的信四十封都不止。

那时，晨真大胆妄为，兰子想起五年前和晨的初初相识，晨穿一身漆黑，活像个杀手，直走进校园中心草坪她们八个一年级女生围坐的圈子。“我是衢州人。”好莫名其妙的开场白！“想认识一个衢州人么？告诉我你的姓名。”于是同样莫名其妙的兰子告诉了晨名字和信箱号，当然不是因为鬼知道在哪里的衢州，兰子是欣赏晨的干脆劲儿。第二天，兰子收到贺卡：“男人是经线，女人是纬线，经纬的相汇是缘定。”贺卡上贴了四张邮票，竖两张，横两张，构成一个经纬的直角。那一年里，兰子成了晨的影子。五年真快，兰子感慨。这张贺卡烧掉了。

四年前晨毕业了到山区锻炼，兰子收到晨的大包裹和第二张贺卡，依然是四张邮票贴成一个四方菱形，附一句豪迈的话：“好男儿志在四方！”拆开包裹，一双草鞋一把镰刀。兰子那时孤身远行数百里去山村看望晨，见到兰子的第一眼，晒得黑黑的晨傻了半个钟头。晨陪兰子爬山逛江，又送兰子上了回程长途汽车，说再见时兰子看到晨眼里有话，可终究什么也没说。烧了这张贺卡，兰子心里有点酸楚，无名的。

回杭后晨是教工了，兰子依然是大三学生，晨忙着去写论文备教案布置礼堂会场处分旷课学生，兰子总在跳舞爬山抄课堂笔记过愚人节圣诞夜，兰子见晨的次数少了。兰子生日，让晨一定来，好想见到那种当学生时有杀气的晨，兰子觉得她的生日派对就是为晨办的，想不顾一切地对晨说些什么。晨没来，去千岛湖开会了，寄了张贺卡，习惯性贴着四张邮票，组成两条斜线，一头相接一头分开，卡上写着："我们好像很远又很近。一切在变，不变的是我的一个心愿，不知又大了一岁的兰子是否明白。"兰子始终没明白晨的心愿，也没问过。就在生日那天，兰子被她的王子迅雷不及掩耳地猛逮了去。晨知道兰子的事是一周以后了，刚开完会回来的晨在校门口见到了兰子。兰子好像连每一根头发丝都要笑出声来地愉快着，挽了她的王子去看电影，兰子没发觉晨到了。兰子后来还听说晨在手上烧了好多烟疤，常常不吃晚饭，下班蒙头就睡，兰子好想找晨多聊一次，却一直没有去。兰子想着许多往事，轻轻地叹了口气，烧去了这张贺卡。

后来兰子一直就没见到过晨，晨两年前悄然辞职了，像云一样从校园飘走了、消失了。兰子收到晨离去前让花店送的花，很美的一束。花里有张贺卡，用六张邮票贴了个大大的英文字母"E"，却什么字也没写，兰子不懂含义，兰子想，不懂的谜题不解也罢。

兰子看了这最后一张贺卡好久，不管怎样，要烧了，晨的一点痕迹都没有了。兰子抬头看窗外，雨小了，缥缥缈缈像一幅透明的纱巾，仿佛梦一般地细声提醒兰子什么，兰子蓦地想到了。

晨的第一张贺卡的邮票贴成字母“L”，第二张是“O”，第三张是“V”，兰子手里最后一张清清楚楚一个“E”，兰子竟觉心一阵一阵悸动。晨用五年时间，默默地说出了一个词，兰子却没有懂，兰子觉得自己真笨。

兰子推开窗，细雨淋湿了兰子的脸，兰子脑子空空荡荡，满脸的水流到嘴角，有点咸咸的，一滴晶莹的水珠掉在兰子手中的贺卡上。

兰子几乎一夜没睡，天快亮时，兰子还是烧了这张贺卡。兰子的婚礼很热闹，很多人羡慕。

晨后来更没消息了。

【旁白】

原文最早发布于杭州大学校刊，后来在《银江报》上转载过一次，忘了哪个报的副刊也登过。

寂寞如风
——21岁时写的一篇无病呻吟的散文

2007-08-21 16：29：00 | By：一笑而过 | From：【搜狐博客】一笑而过的博客

寂寞如风。

寂寞如风，夏夜里细月被风缓缓吹圆的那个时辰，天上飘了一点云，沉默的男子在办公室看完第七遍《中华保镖》VCD碟片，寂寞。

寂寞如风。

寂寞是清晨懒懒地起来，洗脸刷牙做完所有能做的事，然后信手翻着窗头的《水浒传》或《走过西藏》，不知身在何处暗恨周末太多；寂寞是踏着夕阳的斜晖在文三路上过，独自在空无人烟的办公室里上楼下楼看张报纸；寂寞是深夜坐在空白的稿纸前总想写点什么，总觉得想说几句话，却一个字也无法落纸，浓浓地吸一口气；寂寞是骑着破自行车笑着一路和熟人打招呼，谢绝去萧山或宁波玩的建议，然后独自看了一场蹩脚国产电影，毫无表情地混到子夜，回宿舍蒙头就睡；寂寞是安静地看完一切当天报纸，守在电话机前捧着厚厚几本地址本名片夹，却无人可打；寂寞是微笑着向身边的女孩祝福着名花有主好梦圆圆，向天涯的朋友寄出二百多张贺卡，并为许多孤独着的心送去一枝花或者一棵不知哪里折来的圣诞树，告诉无数的人说你们玩你们开心地玩吧我很忙，却在节日里没情没绪地爬上宝石山看雾里城市灯火，静静地想了些人情债务前程故事什么的，然后在哪张石桌边傻坐，蓦然夜半石凉惺眼看看繁星满天。

寂寞的时候，藏起所有的故事。

寂寞的时候，身边没人。寂寞的时候，怕说话。

寂寞如风。

寂寞是没有锋刃的形，却能细细地削切生活每一个钟点，慢慢地习惯了不和人来往，不再外出，不上街逛，毫无色彩一如报纸上的社论四平八稳。寂寞的时候爱回想 18 岁的年龄，回想热闹，回想年少，回想呼朋引友，渐渐记不清了从前二三事，寂寞如风，让日子朦胧。

终于在一个季节里把自己修炼成人，说不出有什么太不如意的事，只是泛泛地觉不到快乐；不知道自己在乎什么缺少什么，只是隐隐地觉得有点苍白，生活中一直怕一种寻常，一种渺小，一种衰老，一种好像什么都有了其实什么都没有的感觉，身为庸人，洒脱真累！于是听到三毛去了，叹了口气；知道顾城走了，“嘿”了一声。

寂寞把梦推得一万公里远。

寂寞如风。

寂寞的时候，不想打电子游戏，不想看足球比赛，不想背历史书，不想唱歌跳舞，不想赚钱花钱。寂寞的时候，想关着门看看过去的信件和照片，想背着画板去植物园动物园，想在孤山吹吹笛子折折杨柳，想寻个小咖啡馆看看过时杂志或者快餐小说，想和一个善解人意的小女孩聊天，想在翠苑的大排档叫一盘田螺两个炒菜，甚至想喝一点点酒。

寂寞的时候，心静如水，人淡如菊。

寂寞如风。

1993-03-27 | By：周郎 | From：《杭大青年报》校园文化专栏

新舞林志

——23 岁时写的一段杂文体的时评

真是想不通。

想不通在杭大，跳舞怎么流行得如此的金碧辉煌。

每每到了星期五甚至星期四，就有人问舞票有么。威胁利诱撒娇瞪眼硬磨软求，得一票则欢呼燕跃而去如中头奖；终于有再三再四弄不着票的讪讪依恋在舞场门口如丧纰考，苦苦哀求；也有扒着窗口看里头，娇喘细细，状若丧家之犬；但有偶一契机，或孤身爬窗越门，或大群一哄而进，显示了无比坚强的舞瘾。明明旁边就有几毛一张舞票出售，不过按目前时尚风行，买舞票进场是丢面子的。所以他们绝对不肯买票进去；所以把门的大汉们更凶得紧，拉下脸像别人欠他几十块菜票。

我们再来偷窥舞场里面。

舞曲一响起，一个个大小姐或正襟危坐，或骚首抿嘴，或故作冷漠，或热情洋溢，实质上也无非是眼巴巴地等男士邀请罢了！于是男士们双手插兜，装作漫不经心地走来走去，唯有两个眼珠子极忙，骨碌碌地转个不停，到处挑看女伴。这情景真像我家隔壁张大妈提了菜篮子在找哪儿有便宜的萝卜蒂白菜帮卖。

作为女的在舞会真叫活受罪，地摊商品一样地等人挑拣，还有剩下没人要的便坐立不安，心中慢慢涌起一点诸如自卑之类的东西，脸上还得可怜兮兮地挤出比哭还难看的凄美的微笑。

男的也甭舒服。找女舞伴是一种挺难受的技术活儿，又要眼光精准，又要身手敏捷，请来请去每次都得鼓足勇气。若是连续两次被人拒绝，那就只有找地缝钻了。怪就怪在笔者有次仔细观察，一位衣冠楚楚的绅士两小时内连请 14 次，14 次均遭拒绝，有几次好像还是很不礼貌的样子，亏他还有毅力呆在舞会上，绝对高人！

更有怪者，当你跳舞累了只是想坐一下，而身边恰是三分姿色的女郎，伊一定一定一定会两眼一白，小嘴一撇，以为你要下手请她跳舞，顿做不屑一顾状，先发制人温柔地出招："对不起我累了。"其实她也是被凉得快结冰的人了。

每当音乐高潮骤起，百年魔怪舞翩翩，必有脸上涂一寸厚胭脂的两个女生大跳快三步，或两个猥琐男生身体大幅度摇摆地搂着撞来撞去，以及个把五官变形的家伙随着舞曲扯开破铜锣嗓子变调高歌。

自然，但凡高档次的舞场，怎么也免不了就有打摆子似的霹雳舞、狗触电似的抽筋步、鬼附体似的吉特巴、跳大神似的蹶腿伦巴。当是时也，满场蹬腿如雷，飞尘若雾，而人定然已经是挤得沙丁鱼罐头一样，咬紧牙关苦苦坚持，谁也舍不得早一分钟退出。

散场了。

此时灯光大亮，第二食堂草草改制的舞厅窗污墙垢、门油地滑，结蜘蛛网的灯彩、拉风箱式的音响充分呈现。哥们姐们蜂拥而出，犹呼痛快痛快。心眼多的手脚快的已经开始在问："下个星期的舞票搞得到吗？"

【旁白】

本文是1993年3月应当时《杭大青年报》的学生编辑陶燕约稿而写的作文。其实是四篇一个系列：《舞林志》、《男宿舍》、《大草坪》、《五食堂》。每篇发现一个场景，透视一种现象，记录一幅世情。

一语成谶
——1999 年 4 月写的一首古体诗

原序：

是日（应该是 1999 年 4 月 12 日），与胡小军伉俪携游杭大故校，草长莺飞之地如故，少年逸性之人已非。心在白首穷经，岂为营营江湖，窃思 1989 年毕业，仓皇离校，迄今亦历历十年矣。而廪实茫茫，游止无期。静对旧寓，怅然命笔。

貔貅缘求十年事，
伶俜披甲两世人。
此身只合江湖老，
梦回犹是一书生。

【旁白】

发现了我在1999年4月写的一首古体诗，那些年头写了很多格律诗词，有“此身只合江湖老”，也有“周郎从来不早朝”，唐元稹《遭风二十韵》有诗：“湘南贾伴乘风信，夏口篙工厄溯洄。”当时涉世不深，轻言沧桑之句；今日多历风霜，孰料一语成谶。又早将到第二个“历历十年”了。

如今这个周郎不写诗了。

恭祝新禧
——2009年1月写的一首贺岁词

2007-12-18 23：41：00 | By：周晓 | From：〖共合网〗周晓的博客

西江月·2008共合元年恭祝新禧！

锦瑟华年节序
共合良辰好景
传媒开元倚新晴
烟溪江南绿
醍醐说清平

资源置换联姻
商圈联盟多赢

广告信贷争欢欣

与君持息壤

谈笑江湖行

【博客原注】

客户关系部经理朱琼和工会主席李冰11点钟打来电话，说是要做新年贺卡，要求我写个祝贺词，而且是现在就要。李冰说，今晚反正加班，会等着我写好。

想了想，还是用古词形式好一点，可示文采，也不显酸。倒杯水，看着表，决定30分钟内写好这篇临时家庭作业。

2007年12月18日

琅嬛小语
——“琅嬛记”品牌文案

2007-07-22 00：19：00 | By：一笑而过 | From：【新浪网】一笑而过的博客

一、琅嬛记优雅生活小语

【水晶心】

也是，喜悦的时候，就放纵吧；

炽热的时候，就燃烧吧。

然而静下来、然而只要静下来、然而总是会静下来的，

唯有一片水晶的冰心，永恒的、执意的和不离不弃的相依，

带着不经意的细致，寄在不在意的地方：

一如在夜空里随风明灭的星光，

一如在雨巷中几不可闻的琴音，

很淡很淡的透明，很轻很轻的优雅。

让时间凝积让万物缥缈，水晶就有这样的灵通。

面对如梦的水晶，世界是如此安然和遥远，

很多时候很多事情现在都可以不想了。

心境原本就可以像高原的空气一样的纯净。

这种心境的优雅已经迹近本意了。

这是来自琅嬛记的优雅。

【皮草意】

好吧！岁月就如一杯醇浓的咖啡，

细酌慢品，方可感受。

每当清晨向城市敞开胸怀，

阳光在墙垣和窗棂跳动，绿叶在晨风中婆娑，

轻拥一件白绒披肩，盘坐一席澳毛软褥，

端上这一杯咖啡，静静地看亦舒或者惠特曼，

愉悦沐浴着你的光亮，明朗来自你的心中。

岁月氤氲，春秋不语，世界祥和而有所思。

既然四季刻意轮回，绿叶可以成荫，

时光可以像泰戈尔的诗一样地流淌，

这时候，透过记忆的晨雾，回望往昔的日子，

咀嚼紫陌红尘，也同时发现了似水流年。

只要轻抚这些温柔的绒毛，

顿悟来自琅嬛记的从容。

【居饰情】

是呀！是要给自己一点空间了。

可以是漫长旅程出发的前夜，

也可以只是一个平常周末的黄昏，

给自己一点心灵与自然对话的空间，

给自己一点领悟人生的空间。

玉壶买春，赏雨茅屋；坐中佳士，左右修竹。

不盘算时间还有很多很多，可是秋去秋来，谁与相依？

手握灵珠，心开天籁；真知无印，大道无痕。

不知道人生是否真有定数，机运总如秋日午后轻飔，细若无闻；

若是专心品味，就能感知她的微笑和呢喃，寄居微躯，就在身边。

也许是一方贺兰砚，也许是三尺龙泉剑，

也许是紫气水晶洞，也许是青花玉壶春，

居饰无心而有心，静静伴随、静静佑护、静静地看你走过。

钟情来自琅嬛记的灵秀。

二、琅嬛记品牌介绍

琅嬛记创立于2002年，从中国杭州城西一家经营纯正尼泊尔手工银饰品的个性小店开始，逐步发展成为手工银饰、天然水晶、塞上皮草和各类个性化定制居饰品的系列精品品牌。

琅嬛记秉承“纯正、天然、臻品”的品质精神，其银饰、水晶和皮草产品均来自在产地投资开办的手工工坊；琅嬛记定制各项高端个性化居饰；琅嬛记创始人亦长期在世界各地旅行，用心收购各项具有特别收藏意义的异域艺术品。

琅嬛记仅以预约定制形式为特定私人进行限量特供。

三、琅嬛记品牌故事

琅嬛记品牌的创立，源自这样一个故事：

据说，有一位书生，名字叫沈休文。有一天，沈休文在他的书房中独坐读书，当时天正下着小雨，风飘细雨如丝。沈休文忽然看到有个女孩，手里拿着纺纱织布用的络具，她一边走，一边把雨丝收束起来，用络具纺着雨丝。就这样随风引络，络绎不断。纺着纺着，她就走进了沈休文的书斋，把她用雨丝所纺成的轻纱，送给了沈休文，并且告诉他说：“这丝名叫冰丝，送给你做成冰纨。”说完，这女孩就不见了。沈休文后来把冰丝做成衣裳，又做成扇子，终年随身，视为珍宝。

这个故事据说出自《琅嬛记》。《琅嬛记》是元人伊世珍的一部志怪小说集的名称。金庸小说《天龙八部》中的“琅嬛福地”也是来自《琅嬛记》中记载的传说中仙人所居多书的洞府的名称。伊世珍，字席夫，生平事迹无考。

万物皆有灵性，一物一事一念；物事缥缈无定，记忆跟随一生。某月某日心有所感，为了挽留一份冰丝的记忆，用心创立一个纯净的品牌。每个人都有自己值得终身珍存的冰丝，琅嬛记就是一片善解人意的寄托。这就是琅嬛记品牌的出处了。

【附记】

沈休文雨夜斋中独坐，风开竹扉，有一女子携络丝具，入门便坐。风飘细雨如丝，女随风引络，络绎不断，断时亦就口续之，若真丝焉。烛未及跋得数两，起赠沈曰：“此谓冰丝，赠君造以为冰纨。”忽不见。沈后织成纨，鲜洁明净，不异于冰。制扇，当夏日，甫携在手，不摇而自凉。

《琅嬛记·贾氏说林》

2008-10-03 10：21：00 | By：慕容复 | From：【共合网】慕容复的博客

非常无聊
——《点评金庸群女侠》之模拟开篇问答

朋友打来电话，问我国庆节做什么。我说我买了全套新版金庸，关门在家看七天七夜。

朋友问我为何不出门见客，为何不游山玩水，我说我在做自己喜欢做的事情，而且向来暴食暴饮。

朋友问我怎么最近老不写博客了，我说关于工作的文章太枯燥不想写，关于心情的文章不得体不该写。

朋友建议我，别老自己研究也要指导读者，还是写篇书评吧：就写金庸的，只能说女侠，必须有意思。

我说：好吧。

点评金庸人物之类，网上铺天盖地，几乎和北京的老太太腰鼓队一样成满大街的公害了。

这种网络文章，要不是打字累人，我觉得一天可以弄百把篇不重样的。

朋友很俗，我亦就俗。

准备写四篇文章：

女人是水，侠女是特别的水——点评金庸群女侠之第一篇；

爱情是梦，金书的十个怪梦——点评金庸群女侠之第二篇；

武功是戏，七个女侠七场戏——点评金庸群女侠之第三篇；

容貌是诗，金庸十二钗的诗——点评金庸群女侠之第四篇。

关键看第一篇的反响。

少于 100 个跟帖就不写第二篇。

激活传媒资源·共合神仙佳偶

——雨夜飞车的经典做媒策划文案

杨公堤春深如绸缎，星期六空气太暧昧。

又到了人间四月天，这是一个恋爱的季节。终不成还是屡屡和公司那几个晚辈麦霸飙歌吗？终不成还是天天泡影院对那几本港腔烂片瞌睡吗？眼见得没有加班的时间不好打发。这日子，过得颇为寂寞。

于是托鸿雁传书，约了中国武侠协会创始人查良镛、水浒武术学校校长施耐庵和红楼女子中学党委书记曹雪芹，到吴山月老寺喝茶提亲。

当是时也，春暖的花开带走冬天的感伤，微风吹来浪漫的气息，鸟儿的高歌拉近我们距离，我向三位大家提议，运用共合网的 R&V 理论（REFINED WOMAN & VALUED MAN 好女配好男），激活传媒资源，共合神仙佳偶，玉成三个单位的好男好女之间一系列天下无双的绝配、良配：先把红楼群钗许配给金庸小说中的大侠。再帮水浒好汉迎娶到金庸小说中的侠女。

上篇：先把红楼群钗许配给金庸小说中的大侠

· 林黛玉许配黄药师

黛玉身子骨弱了点，离不了贴身护理医生，巧在黄药师医道高明，还会调超级补品九花玉露丸，颦儿脾气古怪，好生个小气打个哑谜，那东邪正好就喜欢这个调调儿，能写诗会吹曲，爱伤心肯悲情，也是个神经质的。

· 薛宝钗许配段誉

宝钗之冷艳守礼对段誉之质朴迂腐，宝钗之旺夫劝学对段誉之爱书好学，宝钗之文才超群而不张扬对段誉之武功卓越而不自显，段誉想要神仙姐姐只怕也欢喜宝姐姐，宝钗想要王妃索性给她皇帝同样也是金玉良缘，样样煞是得体。

· **妙玉许配虚竹**

一个是高洁成僻厌看世人，一个是赤子之心不容于世；一个是极端讲究雅到恐怖，一个是极不讲究土到掉渣；一个是相思入魔红颜薄命，一个是糊涂的爱傻人傻福。再说和尚配尼姑好登对耶，嘿嘿！不戒大师也是这么想的。

· **王熙凤许配韦小宝**

两个人都是精通手腕世故达练的厉害角色，两个人都是精明机变生财有道的赚钱天才，两个人都不识字不读书不学有术，两个人都权倾一时呼风唤雨，两个人都不讲道德不积阴德，两个人都不谈爱情注重人情。当然一个是辣手妒妇，一个有妻妾成群，正好是对手戏。

· **秦可卿许配萧峰**

这个男人老婆死得早，要不一定是天下最完美的丈夫；这个女人自己死得早，要不一定是红楼最倾城的情人；或许这个萧峰太优秀了，衬得那个阿朱太一般了；或许这个可卿太校花了，比得那个贾蓉太猥琐了。女人中的女人配男人中的男人，还有异议吗？

· **元春许配段延庆**

元春娘娘爱省亲，延庆太子无亲人；元春娘娘为政治而献身，延庆太子因江山而受难；元春娘娘据说很像观音，延庆太子就是观音的超级粉丝；美女与野兽搭成一伙，魔鬼与天使集于一身。演一场牛粪王子和鲜花公主的故事，也是一道风景线。

·迎春许配陈家洛

二姑娘懦，陈帮主面；二姑娘懦只好看看太上感应篇，陈帮主面只会下下围棋叹叹气；二姑娘懦所以不能保护司棋，陈帮主面所以葬送了香香公主；这两人倒也是一对善人，互相安慰着过日子挺不错。

·探春许配慕容复

一个偏房姨太的女儿偏生这么大气，一个前代帝王的遗孤偏生这么固执；一个不怕远嫁只要可以借力上青天且把飘零当好命，一个不顾一切只要能够复国当天子权将坟堆做金殿。他们的血统都很诡异，他们的目标都很高远，他们的人生都很积极，他们的神经都很坚强，他们的性格都很功利，他们的婚姻都很不在乎感情。

·惜春许配杨过

女方呢，惜春的性格冷冷淡淡，和小龙女也差不多，惜春的神态娇娇憨憨，倒是和郭襄也差不多，大抵这种生活不能自理的女子，再没个强的男人罩着，只怕最后都是只有去当姑子的了。男方呢，说句老实话，40岁的杨过从道义上只能守着大了8岁的冰龙儿，从感情上绝对是喜欢小了16岁的热郭襄的，看他给郭襄过生日那个来劲！很多有家室的老男人泡小女生都是这个砸钱套路，可怜的婚外恋分子杨过，事成前面对天鹅肉来的个精神，事发后面对黄脸婆来的个痛苦。现在给他一个兼美二者的，还不美死了他。这门亲事能成。

·史湘云许配胡一刀

史湘云看来只能用飒爽来形容，此姝兼具十二分妩媚和十二分侠气，难得；胡一刀当然须得用豪迈来评价，此君兼具十二分铁骨和十二分柔肠，可贵。胡一刀是大块头大胡子大嗓门大砍刀非常燕赵粗犷，史湘云吃鹿肉争联句喝快酒睡石板也很生猛的，两个人携手行走江湖，这就叫神仙眷属，这就叫珠联璧合，这就叫天赐良缘。

·李纨许配胡斐

17岁的李纨，一出场开始好像额头上就贴着“寡妇”两个大字，居然嫁过人了生过孩子了还成了未亡人了，灰不溜秋地、女人不像女人女孩不像女孩地在大观园混迹于一批闺阁里，还能咋的？18岁的胡斐，一出场开始好像额头上就贴着“克妻”两个大字，他暗恋的马春花死在怀里，暗恋他的程灵素死在身边，号称热恋的袁紫衣穿着缁衣消失在眼前，觍着脸装纯洁刚和苗若兰有点意思，又被老丈人逼到了绝路上，江湖上这样变了几个对象都挂了的少侠好像只有他了，见到好命的张无忌会吐血。年貌相当，苦命相似，李纨懂得疼人，胡斐知道珍惜。让他们结婚吧，同时祝福他们。

·巧姐许配段正淳

想不通这妮子为什么进了十二钗正册，也说不出来这妮子有什么特别的地方，在红楼里本来可以嫁给王爷当小星的，被没见识的刘姥姥拐出去结果嫁了个农民！那就给段正淳吧，正牌的王爷，不赖，当然还是只能当妾的。想到王熙凤是许了段誉的，有点古怪也有点乱伦哦。嗨！反正她和她娘并列金陵十二钗时早就乱了辈分了，段王爷也不是段誉的亲爹，问题是本文中段誉亲爹段延庆又是配了秦可卿的了，而秦氏作为巧姐老爸贾琏的堂哥、贾珍的儿媳妇，好像和巧姐平辈呐，瞧这辈分乱的。这管呢，配了。

下篇：再帮水浒好汉迎娶到金庸小说中的侠女

·李逵迎娶阿紫

李逵是个粗人，阿紫很没教养，一对文盲；李逵对宋江怎么看是同性恋式的不对劲，阿紫对游坦之怎么看是虐待狂式的不正常，一对性变态；李逵一高兴要砍人，一不高兴要吃人肉，而且老娘死了还能大笑喝酒，阿紫一高兴要爱姐夫，一不高兴要挖人眼睛，而且老爸被人痛扁还能在旁边喝倒彩，一对白眼狼；李逵山上待久了要下山，可是武功差又没脑子，出门就要受欺负，阿紫王府待腻了要打猎，可是运气糟脾气坏，出门就要惹麻烦，一对扫把星。李逵娶了阿紫是福气，阿紫喜欢暴力；阿紫嫁了李逵是运气，李逵欣赏血腥。

· **鲁智深迎娶李莫愁**

拳打镇关西是为了一个女人，醉打小霸王是为了一个女人，单挑瓦罐寺是为了一个女人，大闹野猪林说到底还是为了一个别人的女人。你以为鲁智深喜欢出家呀？柔情似水只是命运没有给他一个属于自己的女人。到陆家庄杀人是因为一个男人，进古墓里抢书是因为一个男人，在绝情谷自焚说到底还是为了一个别人的男人。你以为李莫愁喜欢出家呀？生死相许只是命运没有给她一个属于自己的男人。好啦，现在最护花的和尚遇上了最痴情的仙子，金风玉露一相逢，便胜却人间无数。

·燕青迎娶香香公主

香香公主需要一个顶天立地的完美好汉，要武功盖世，要作风正派，要能歌善舞，要英俊潇洒，最重要的是，要能够不爱江山爱美人，这个择偶标准太高了。陈帮主太让伊失望了。但是，世上还有燕青，燕青能歌善舞会打诸路乡谈相扑天下无双还有一身好花绣，等于 1 个张国荣加 2 个刘德华加 3 个徐志摩加 4 个罗伯特·巴乔加 5 个马云。公主香香世无双，浪子风流第一人。

·王英迎娶黄蓉

一万个人看水浒，一万个人为扈三娘叫委屈；一万个人看神雕，一万个人看黄蓉不顺眼。把这两个人捏在一起，就是为了恶心一下他们。王英五短身材，武艺低劣，居然还老是调戏妇女，现在给你一个阴险恶妇，看你被怎么整；黄蓉整天显摆一个威风老爸和一个英雄老公，现在给你一个猥琐丑男，看你还怎么显。

·武松迎娶双儿

武松真的对不起潘金莲，怎么能这样忍心对待一个喜欢你的女人没有恻隐之情，怎么能这么自私地看着一场婚姻悲剧没有怜惜之心；双儿真的算对得起韦小宝了，身兼丫鬟保姆保镖秘书和情人数职，还要眼睁睁看主人一房一房不停地娶进来。武家迎娶双儿，武松就会知道像潘嫂嫂这样的大户人家丫鬟有多好，从而恢复人性善待双儿为自己赎罪；双儿嫁入武门，双儿就能明白真正的英雄是怎样的无敌无双无微不至，从而享受正常的幸福生活，多生几个胖宝宝。

·宋江迎娶建宁公主

宋老大，想洗底招安吗？得朝中有人哪！想要仕途顺坦吗？得有点背景哪！现在有个机会，公主要吗？武功高强，热情活泼，身体健康，奴性十足，对了，还年轻美貌得一塌糊涂，没问题吧，好好好好，尽快玉成此事。公主，现物色到了一个强盗头子，没错，就是你最喜欢的那种江洋大盗，很残忍的，听说前妻就是被他在床上捅死的。当然，也没什么可怕的，又黑又矮，武功差劲，难得的好玩具哎。没问题吧，别急别急，明天再拜堂不迟。成交！

·时迁迎娶温青青

有偷盗的共同爱好，有放火的专业互补，志同道合，打着灯笼也难找，就从了吧。一百零八将你都排到底了还挑个啥！那个木头一样的袁承志有什么好！

·林冲迎娶郭襄

一个是成熟男人，一个爱成熟男人；一个是大英雄，一个崇拜大英雄；一个劫后余生续个弦重新有了生活的勇气，一个走出感情旋涡找个正经人家依托终生。

·公孙胜迎娶灭绝师太

老是靠一柄玄铁利剑怎么行，还是要学点天罡五雷正法。正好夫妻双修嘛。想什么罗真人，搞清楚那是几百岁的老神仙。当年张三丰倒还是才90岁你都拒绝了，就是公孙胜了，没得挑。啊，你也有想法？人家周芷若是张无忌的马子！明教你惹得起吗，还是灭绝师太方小姐好，守身如玉，嫉恶如仇，男人婆中最鲜艳，众香国里最壮观。

·李俊迎娶九难

一起去泰国吧，她帮你建国，你帮她探亲。要是你当了化外的国王，她没遇见退隐的情郎，结婚吧。让昔日历尽苦难的公主做如今母仪天下的皇后。

·吴用迎娶赵敏

吴用说：我也知道我的计谋实在粗糙，但是作为一个有一百零八个董事的私营机构的行政副总，八年的高层管理经验，做副手是不错的。当年在北京整得卢俊义太惨，我内疚啊，所以还是想找个北京户口的就当赎罪，少数民族无所谓。赵敏说：当老大我不含糊，吃亏在少个年长的参谋扶持，老是被竞争对手利用了感情。所以姑奶奶索性嫁个老成书生，安顿好家再陪你们明教反贼好好玩到底。

·张清迎娶阿绣

我们的结合，自有一番道理，阿绣说不要讲出来。

2008-10-19 03：11：17 | By：雨夜飞车 | From：【新浪网】雨夜飞车的博客

轮　回
——根据百度穿越网文改编小说的提纲

一、1968年。李小月。

1968年2月10日，月圆之夜。西湖三潭印月。

一条小船幽幽漂来。船上有一个神秘的初生女婴，没有人知道她从何处漂来。没有人知道她的父母是谁。

好心人把她送到了一个孤儿院，她孤独地长大，没有任何人与她来往。只有月亮常在天边相随。

成年后，她自己为自己起名叫李小月。

二、1986年。流浪汉。

直到1986年2月10日，也是这样一个月圆之夜，也是微风的清波洗涤着晴空的碧蓝，也是月亮的小船承载着无边的向往，也是心跳的声音奏响了梦的乐章。

月亮圆圆。她莫名其妙地爱上了一个流浪汉，情况才变得好起来。

可是好景不长，不幸事件一个接一个地发生。

首先，当她发现自己怀上了流浪汉的小孩时，流浪汉却突然失踪了。

其次，她在医院生小孩时，医生发现她是双性人，也就是说她同时具有男女性器官。为了挽救她的生命，医院给她做了变性手术，她变成了他。

最不幸的是，她刚刚生下的小女孩又被一个穿黑色风衣的中年人给绑走了。

这一连串的打击使他从此一蹶不振，最后流落到街头，变成了一个无家可归的流浪汉。

三、1999年。穿黑色风衣的中年人。

直到1999年的一个月圆之夜，他醉醺醺地走进了一个叫做“月亮系列”的小酒吧，他一直一直灌酒，一个穿黑色风衣的中年人，一直一直坐在他身边。

终于，他把他一生不幸的遭遇告诉了这个穿黑色风衣的中年人。穿黑色风衣的中年人问他的名字，他说他叫浪子。

沉默的中年人很同情他，主动提出帮他找到那个使“他”怀孕而又失踪的流浪汉。唯一的条件是他必须参加伙计他们的“月光宝盒时空旅行特种部队”。

四、1986年。浪子。

他们一起进了“月光宝盒时间飞车”。飞车回到1986年时，穿黑色风衣的中年人把浪子放了出去。

浪子莫名其妙地爱上了一个孤儿院长大的名叫李小月的姑娘。那个晚上，月亮太圆。他们相爱，她怀孕了。

五、1968年。女婴。

穿黑色风衣的中年人带着浪子又乘“月光宝盒时间飞车”前行九个多月，浪子一直想念李小月，想念即将出世的孩子。

于是，穿黑色风衣的中年人到医院抢走了刚刚出生的小女婴。

浪子用“时间飞车”把女婴带回到1968年2月10

日，这是一个月圆之夜。浪子悄悄地把她放在西湖三潭印月的一条小船上。

六、2008年。穿黑色风衣的中年人。

终于，他们回到了2008年，浪子平静了，他正式加入了“月光宝盒时空旅行特种部队”。

有了正式工作以后，生活走上了正轨，并逐渐地在特种部队里混到了相当不错的地位。

月光不语，浪子年岁渐长，浪子依然沉默，浪子也开始爱穿黑色风衣。浪子平静了，慢慢忘了过去。

直到有一次，为了完成一个特殊任务，上级派他飞回1999年，去拉一个流浪汉加入他们的特种部队。这时他已经是一个中年人了。

七、1999年。浪子。

“月光宝盒时间飞车”带他来到了1999年的一个月圆之夜，在一个叫做“月亮系列”的小酒吧，他看见一个流浪汉醉醺醺地走了进来，流浪汉一直一直灌酒，他穿着黑色风衣，一直一直坐在这个流浪汉的身边，一切似曾相识。

流浪汉说：“我叫浪子……”

【旁白】

百度贴吧，贴文改编。玄幻小说，穿越题材。懒得细写，提纲飨客。

我一直被穿越问题绕来绕去。若是一个人可以遇到过去的自己、未来的自己，还可以再共同结伴到别的时代去会更早或更晚的自己——100个不同时代的自己聚在一起，会是何等壮观而诡异的场景！《轮回》一文就是穿越逻辑的演绎。当然，文章逻辑破绽很多：比如就算做了变性手术，男人还是不能怀孕生孩子的。

本文原为《月亮》系列之八。《月亮》系列共10篇10万字，是在一个月里每个晚上写四五千字赶出来的乱七八糟的文字，那时有一段时间突然空了下来，一时很不适应，就用打字排遣。

2009-06-25 05：35：14 | By：笑忘书 | From：【共合网】笑忘书的博客

闻高鸣识韵冽

——《精养女儿实验报告》的非专业导读

我们面对的是一部奇文。

中国古今以教育子女为题的经典文章世有所出，为写《精养女儿实验报告》之序我很是补习狂看了一批。发现但凡该类文章的作者似乎都有点动机不纯：《颜氏家训》不像给儿子的口气像学术公告，《诸葛亮诫子书》应该是老爸借题做自己的心志表白，《曾国藩家训》显然是精心制造的圣人语录，《傅雷家书》是借信存档的思想日记，斯托夫人的《教子枕边书》专业得让人怀疑无法实际操作，卢勤的《好父母好孩子》有点意思却又太老生常谈，看了等于没看，而曾流行一时的

《哈佛女孩刘亦婷》之类太像是推广女儿的广告书。

《精养女儿实验报告》书名起得有点伪装通俗，看进去就会发现很有意思。这本书的文风结构有点像早年教育读物《动脑筋爷爷》和《十万个为什么》，由一个个小故事串起来的生活片段集，都是教育女儿的白描记录，借题借事就把生活哲理、教女方式和教育观点说清楚了。看起来一点不累，讲起来深入浅出，先就喜欢了其文字的平实，更又共鸣其观点的新异，掩了卷再细细想去，有很多地方着实耐人寻味。看得出这是一本没有刻意修饰情节的真实教育临床记录。高老师在自序中说这书目的是写给家长看的，是为了分享经验教育家长，我觉得他也有点借题发挥的意思，借机向沉习社会发出些自己的声音，这是高老师自己世界观的巧妙宣言。当然这书孩子都是可以直接看的，远胜书店里所谓励志的满架精装书。要是社会上因此书影响产生一批被高老师“带坏”的孩子，这个世界一定还会精彩得多。

实际上我应该是世界上最不适合为这本书写序的人，从未接触过儿童教育，更不是学界泰斗和社会闻人，且竟然还是单身尚无子女！三个月前作者高鸣老师嘱我为序，或是认为我无家室之累更能旁观者清不落彀见吧。我意外之至，亦叹其行事之奇。然正因如此，不敢轻负所托。我为想写好这篇序言极为用心。动笔写前书中每篇文章我都几乎看了不止十遍，并且用了最笨的办法为每一篇做了阅读卡片，每篇写上自己的心得和理解，还做了一些有趣的统计。写序言真不是我的强项，仗着已经抢先多拜读过几遍，且取其中49篇文章从几个方面分析一番，为后来读者做一些非专业导读——

49个案例发生时女儿的年龄时段分别为6岁前时期18篇，小学时期6篇，初中时期6篇，大学和大学毕业时期4篇，不确定时间的15篇。其中单5岁那年就有9篇，其中《不给玩具》那篇给我印象最深！看来孩子教育最关键的时期就在刚懂事的阶段，比之那些还在一味乱学钢琴芭蕾的同龄孩子，从思想上特种训练的女儿自然轻松跑出一肩，教育孩子的实际也隐蔽在儿时生活的细节里，高老师确有先见，这是一本好看的书。管用！

49个案例中教育女儿领悟生活哲理的有19篇，培养女儿主见不盲从的有6篇，引导女儿个性反潮流的有8篇，启发女儿智慧明事理的有7篇，带动女儿能力求自立的有4篇，指导女儿品质和素质的有5篇。不顺从应试体制，而精心缔造一份可贵的立体性格。如《不要100分》、《向自己学习》、《规则与程序》数篇都是看似大叛逆实藏大智慧，女儿很多受用终身的特质来自此时的成型。可见高老师教育女儿是有独门之秘的，创造了性格即创造了命运，当然市氓愚子也许不敢效尤。高老师独出机杼，这是一本另类的书。管用！

再看高老师的教育方式也颇有绝活，49 个案例中竟然有 24 篇是介绍父女之间以直接思想交流的方式进行教育辅导，还有 7 篇是讲述采用特别策划的行动提升女儿的能力见识，6 篇是正面教育解决问题，4 篇是劝导女儿通过实践尝试体会生活，8 篇是借题发挥影响女儿的思想。看得出高老师是非常认真地把女儿从小就当有独立人格的朋友来平等交流沟通的，深度交流的潜移默化带来女儿思想的成熟和处世的练达，后来女儿 13 岁上大学自然就很容易理解了。高老师教女有方，这是一本有效的书。管用！

《精养女儿实验报告》还是一本读来很有生活味道的书，当故事小品看也是可以有滋有味的。很多情节在很多人的家里也类似遇到，相信很多人看了是要会心一笑的。同样一本书，不同读者看了自当有不同感受。全书中关于思想观念的 25 篇每篇都令人拍案叫绝，我个人最喜欢《该简单的就简单》、《报销》和《清富》三篇，《打 114》和《规则与程序》也很好。

一本书把作者的性格体现得淋漓尽致。高老师颇有 20 世纪初文人气度，一身苏格拉底式的思辨味道：真实、率性、特立独行，有中国传统知识分子的内敛节气教养，也有赤子之心的张扬任性执拗，当今还能这样书卷的人已经很少了。

当然我对高老师的思想也有很多不敢苟同的地方，

如不信教也不该向佛像扔石头；观念不同没有关系，我还是非常欣赏高老师的个性和个性使然的行为方式，我是连高老师的怪异和顽固也觉得是可爱和痛快的。

透过书中还可以看到一个温情三口之家，天下无双。做高家爸爸是有福的，我见过他的女儿，事业有成，知性干练，娴静优雅，高家爸爸确实足可自豪；做高家女儿是有福的，爸爸传授了这个世界上最为宝贵的无形财富，后面还有一个十全十美的好妈妈的全力支持，高家有女初长成，来日当可感恩图报。

祝福高家。

【旁白】

这篇文章是为《精养女儿实验报告》所写的读后感，《精养女儿实验报告》作者高鸣被中国文坛誉为当代杂文作家中的“小范围公认思想家”。

在城市未来之畔，在梦想现实之间
——西溪金座楼书开篇导言

2009-08-08 04：12：00 | By：笑忘书 | From：【共合网】笑忘书的博客

Google 是搜索的方向，星巴克是休闲的方向，F1 是浪漫的方向；

连云港是漂泊的方向，温哥华是释怀的方向，西藏是神往的方向……

因为方向，心可以听从自己的召唤；因为方向，心可以享受志趣的宽广；

因为方向，所以精彩！

每个人都有自己的方向，方向不同，人生也就不同。

你为你的财富、成功傲然自居，尊贵就是你的名片；

我为我的简约、独特悠然自得，个性才是我的魅力。

在儿时，大学曾是你努力的方向，因为你坚信那里是梦想真正开始的地方；

工作了，中年退休成了我的方向，因为我开始参合生命的青衣元素。

为了方向，自然用心！

今天，面对家的选择，我也有我的方向——

它可以不在目前城市最繁华的核心，但必须是城市未来发展的方向；

它可以没有绚丽夺目的尊贵，但决不可缺都市生活的时尚新锐；

它可以不是多数人梦想的豪华铺陈，但必须是你我所憧憬的独特淡然。

它是精致的、时尚的、未来的，更是可以实现的。

看见方向，真的神往！

不住城市中心，就住城市未来。

杭州之西，西溪之恋。

三十万方的西城中央商务区西溪新天地商城和沃尔玛大型国际卖场就在东面；

万众瞩目的未来商业坐标点阿里巴巴淘宝城和五千亩西溪人家社区就在西面；

西溪国家湿地公园在南面；

浙江大学在北面；

城市扩展的方向，未来生活的方向，我的家的方向。

许多人向往的其实不是无知无觉的住宅，而是一个有生命的家。

家是一个和人呼吸与共的自由空间。

在自己的家，这个自己的空间里成为自己、成长自己、成就自己，这是一个梦想。

自主决定用途的空间，放纵想象的精装户型；

不同身份的人，不同思想的心灵，都能找到其使用定位；

精装修毛坯价，置业性价比出挑；买一层送一层，空间利用率极高；

居住地办公间，用途延伸性得宜；小户型大框架，品质含金量超重。

最重要的是：我有能力拥有，梦想不再是梦。

我的空间我自主，我的梦想很简单——

一间屋子，不大，但却是自己的；

一份事业，不大，但却是自己喜欢的；

一个梦想，不大，但却是自己一直守候的。

现代都市生活创造了 BOBO 族这样的新名词：

波西米亚风格地对待工作，优雅、严谨、细致而狂热地追求完美；

布尔乔亚情调地享受生活，浪漫、自在、从容而悠闲地追求品位；

BO-BO 结合的人生态度，就是 BOBO 族的社会精英人群。

当工作和生活越来越关联，居住空间日趋实际化、效率化、功能化、便捷化以及更具有美感的简单和现代化的今天，人们普遍接受商务与生活的一体化，开始创造 SOHO 这一革新性的房产形式；这是时代发展的产物，在现代城市广为流行。

在起卧结合的空间，迁就可办公也可生活的多重功能，很多异地经商的人在他们租用的屋里早就开始这样做了。

SOHO 商务公寓不是开始，而是让这种形式更科学、更优雅、更适宜。

在这里，每一平方米都是最大化的来强调空间的重要性、适用性和多元性。

在这里，人性化方面有独特的思路，充分考虑商务活动和休闲生活相结合的功能。

在这里，可以在同一个空间中学习或者工作，休憩或者派对，而且彼此并不矛盾。

如果你年轻，如果你看重事业同时也爱生活，如果你追求 BOBO 族的人生方式：

有这样一个小小的空间，系上领带吧，就可以很波西米亚地优雅社交、严谨办公、细致作业；

有同样一个悠悠的空间，调暗灯光吧，也可以很布尔乔亚地私密生活、焚香泼墨、品酒谈情。

许多人，许多年，许多关于家的梦想；

在这里，或许可以看见梦想的亮声靓影。

是的，一切就在天畅西溪金座：一个真正地道的 SOHO 商务公寓。

第四辑 公事

1. 共合网白皮书（节略）
2. 喜看稻菽千重浪
3. 谁持彩练当空舞
4. 万类霜天竞自由
5. 鲲鹏展翅九万里
6. 狂飙为我从天落
7. 百练方成绕指柔
8. 无限风光在险峰
9. 云横九派浮黄鹤
10. 曦攀飞翼通身暖
11. 红雨随心翻作浪
12. 帝子乘风下翠微
13. 青山着意化为桥

共合网白皮书（节略）

2008–02–10 05：36：00 | By：周晓 | From：〖共合网〗共合网／官网／共合学院

一、共合网的基本理念

1. R&V 的经济理论

——关于 R&V 原理

（略）

——关于 R&V 理论

R&V 理论是由共合网首创的创新经济学说。共合网认为，天下资源无处不在，每个社会体系、每个市场和产品都拥有特定的人群、载体或通道资源；这些特定的人群、载体或通道，是面向市场经济的现实资源（real resource），而在其背后还蕴涵着巨大的可以与其他社会体系、市场和产品共享的潜在能量，具有巨大的潜在商机，即虚拟资源（virtual resource）；各种资源持有方之间可以通过资源的共享整合，以多种有效的创新经济模式，建立非竞争性战略联盟，激活释放潜在资源能量，创造新价值，实现双赢和多赢。

——关于 R&V 非竞争性战略联盟

R&V 非竞争性战略联盟简称 R&V 联盟。这是一种全新的商业模式。特指 R&V 理论下的现实资源和虚拟资源的战略联盟商业模式。与已有的竞争性战略联盟不同，R&V 联盟是一个非竞争企业组成的联盟，考虑的是如何让一方的资源为另一方所共享，并在共享的基础上让资源拥有双方都享受到共享带来的额外收益，实现资源的效用最大化。R&V 非竞争性战略联盟开创了全新的战略联盟方式、资源整合方式、商业合作模式，是基于现实资源和虚拟资源整合的全新商业模式。

2. 共合网的基本概念

共合网（www.randv.com）是全球传媒资源共享整合平台的简称。

共合网首创 R&V 经济理论，创建共合互动传媒。以独特的资源置换组织模式，整合多方互动的都市商圈联盟媒体。激活全球传媒资源，零成本获取渠道媒体阵地，零距离联合广告供需双方，零损耗实现广告到达效果。这是一个致力于发现资源、整合资源和经营资源的创新渠道媒体阵地机构。

共合网应用R&V经济模式，创建电子商务网站。以独特的网站服务技术平台，整合多元互动的非竞争性战略联盟。开辟广告置换中心、广告信贷中心和广告交易中心等服务功能，创建中国广告交易的支付结算第一平台。这是一个致力于广告交流、广告交换和广告交易的新型电子商务网络机构。

共合网以其创新的理念、卓越的模式、高效的执行和爆炸式的发展异军突起，迅速赢得了高度的行业地位和广泛的社会认可。

二、共合网的商业模式之一：广告信贷（本部分仅列提纲）

1. 广告信贷的市场分析

——广告投放方垫资/欠款现象普遍

——广告业务需要履约保障

——广告信贷市场需求鲜明（来自市场问卷调研的数据统计）

——广告信贷业务市场巨大（来自权威调查机构的数据分析）

——广告信贷项目的潜在市场份额（来自百家广告

单位的深访意向）

2. 广告信贷的基本概念

——广告交易共合国

——广告客户信用社

——广告媒体保险单

3. 广告信贷的商业模式

——经营法则

——实施流程

4. 广告信贷各方关系解析

三、共合网的商业模式之二：互动传媒（本部分仅列提纲）

1. 广告业的困局

——广告商的困局：如何才能“减负担”

——广告主的困局：如何才能“低损耗”

——广告受众的困局：如何才能“爱广告”

2. 共合互动传媒四项商业模式

——共合互动传媒发展定式

——共合互动传媒建设方式

——共合互动传媒管理格式

——共合互动传媒盈利模式

3. 共合互动传媒三大组建法则

——“一比十置换”法则

——“非竞争联盟”法则

——“一公里商圈”法则

4. 共合互动传媒七种表现形式

——流媒广告发布系统

——定向传递传单系统

——手机互动感应系统

——消费地图指南系统

——消费券卡联发系统

——休闲杂志展架系统

——商家资讯共享系统

5. 共合互动传媒的媒体特性

——针对广告业，实现“三零突破”

——针对广告主，实现“三个革命”

——针对广告受众，实现“三动效应”

四、共合网的发展历程

1. R&V 经济学说双翼齐飞

——R&V 理论风靡时代

· 2005 年 10 月，《大唐风云》网游和绿盛牛肉干的资源置换，R&V 初显身手；

· 2006 年 1 月，《正在爆炸》一书出版， R&V 理论正式诞生；

· 2006 年 4 月，在北京人民大会堂召开中国首届创新论坛暨 R&V 经济学研讨会，标志着 R&V 成为一种新经济模式；

· 2006 年 5 月，郭羽林东赴法国欧洲商学院讲学，R&V 理论走向成熟并得到国际传播。

——R&V 事业异军突起

· 2006 年 4 月，共合网成立，浙商 F4 聚义杭州，R&V 从理论走向实践；

· 2006 年 11 月，国际风险投资空降，共合网开始腾飞；

· 2007 年 4 月，共合网召开新闻发布会，正式开通广告信贷业务，实现赢利；

· 2007 年 6 月，共合网举办破冰开网仪式，正式进军全国市场；

· 2008 年 1 月，共合传媒正式命名开通试播，共合网媒体经营亮剑。

2. 共合商业模式四重发展

——2006 年，对等置换合作阶段

· 个体之间的传媒置换，广泛的对象外延，直接的资源置换；

· 以《大唐风云》民族网游和绿盛牛肉干的 R&V 合作项目为代表案例；

· 共合网承担的角色是中介商，获取置换服务的中介收益。

——2007 年，多方置换结盟阶段

· 群体之间的传媒联合，有组织的异业联盟，有控制的广告信贷；

· 以致中和博客漂流瓶资源整合项目为代表案例；

· 共合网承担的角色是置换平台，获取置换项目的运营收益。

——2008 年，商圈置换联盟阶段

· 多方互动的都市商圈联盟媒体，封闭的置换联盟，长期的统一阵线；

· 具有成熟的联盟组织法则、稳定的传媒形式，革命性地创建创新媒体阵地；

· 共合网既是联盟的组织者更是媒体的拥有者，获取传媒经营权和经营收益。

——2009年—2010年资源置换平台阶段

·以电子商务网站为核心，实现超地域的多元资源置换联盟；

·形成互联网络、无线网络和现实商家阵地传媒网络的三网共合；

·共合网通过广告信贷建立广告交易的联合大平台，成为“广告阿里巴巴”。

3. 共合传媒正在爆炸

——2006年12月，启动

·成立共合互动传媒杭州市场管理中心；

·团队：46人；

·规模：发展首批100家加盟网点；

·营收：第四季度营收54万元；

·共合互动传媒中国市场发展计划正式启动。

——2007年6月，初创

·在运河之畔设立共合网总部；

·团队：108人；

·规模：1000家加盟网点；

·营收：季度营收突破100万元；

·共合互动传媒杭州商家联盟初步建成。

——2007年10月，发展

· 开设上海、北京、广州、深圳四大区域公司；

· 团队：240 人；

· 规模：5000 家加盟网点；

· 营收：季度营收突破 1000 万元；

· 共合互动传媒在 5 个城市形成扎实基础布局。

——2008 年 1 月，飞跃

· 央视 CTR 完成专项媒体调研；

· 团队：500 人；

· 规模：11000 家加盟网点；

· 营收：季度营收突破 3000 万元；

· 共合互动传媒正式命名试播，规模效应显现。

4. 共合文化欣欣向荣

——管理：从激情的绿林精神到理性的共合主义

· 2006 年 10 月，成立法务部，建立市场管理中心，开始团队正规化建设；

· 2007 年 6 月，任命三大副总裁，设立行政管理中心，实行团队整编整训；

· 2007 年 10 月，成立分支机构管理中心、客户中心、广告运营中心和后台支持中心，推行矩阵式管理体制；

· 2008 年 1 月，成立风控中心和新闻中心，建立系统的总经理联席会议制度。

——文化：注重社会效应，形成核心的共合文化

·2006年1月，《正在爆炸》共合网理论专著出版；

·2006年4月，中国首届创新论坛暨R&V研讨会在北京人民大会堂召开；

·2007年7月，浙江大学共合传媒奖学金设立；

·2007年10月，共合学院成立；

·2007年11月，《走向共合》司刊创刊；

·2008年1月，发表《共合网白皮书》，发行共合网纪念邮票。

——品牌：屡获殊荣，美誉卓著

·2006年1月，创始人林东和郭羽成为"浙江经济年度人物"；

·2006年6月，R&V模式获2006浙商大会"浙商创新大奖"；

·2007年，R&V模式成为北大、复旦、浙大等许多著名大学的MBA案例；

·2008年1月，设立首席信息官CMO，启动全面品牌战略；

·2008年1月，共同创始人林东荣登《福布斯》，成为马云之后"第二人"；

·2008年1月，《正在爆炸》获浙江省第14届哲学社会科学优秀成果奖应用理论与对策资讯类一等奖。

五、共合网的战略规划

1. 2006—2008 年 探索期

——目标：建成共合互动传媒，共合模式得到充分印证

· 运营模式的建立；

· 管理团队的完善；

· 战略性区域布局；

· 抢占高端媒体资源；

· 检验传播效果。

——规模：实现重点布局，完成一定规模

· 开办 5 个主力城市分公司、10 个重点城市分公司和 30 个区域支公司；

· 发展 3 万个加盟商家会员网点。

2. 2008—2010 年 扩张期

——目标：激活全国商圈传媒，共合模式成为天下共识

· 都市商圈联盟媒体建成；

· 全面覆盖主要经济发达区域；

· 向次发达地区逐级渗透；

· 共合互动传媒成为具有巨大影响力的新媒体；

·谋求上市。

——规模：实现全面布局，完成既定规模

·开办 280 个城市的网点公司；

·发展 10 万个加盟商家会员网点。

3. 2010 年—　　发展期

——目标：激活全球传媒资源，成为国际化的广告置换平台

·建成共享整合传媒资源的电子商务平台；

·全面启动广告信贷项目，成为广告业的阿里巴巴；

·开设纵深的扩张业务线。

——规模：拥有百亿交易容量的传媒帝国

·以互动传媒为核心的广告联合国；

·以广告信贷为核心的广告信用社；

·以媒体联盟为核心的广告俱乐部；

·以资源置换为核心的广告自由港；

·以广告交易为核心的广告交易所。

六、共合网的愿景使命

1. 共合网的愿景

——缔造多方互动的资源置换联盟

——成就全球最大的媒体交易中心

2. 共合网的使命

——让商家分享联盟的资源价值

——让客户驾驭自己的广告意愿

——为广告业创建全球权威的交易平台

【旁白】

本文原是周晓在2008年初提供给集富亚洲（JAFCO）的共合网基本情况报告，当时共合网正与集富亚洲洽谈A2轮风险投资。后该文曾作为共合网的企业介绍，置于共合网官网的“共合学院”栏目中，并随2008年之后的公司变化进行了较大删改节略。

本书所选择的版本是2008年2月10日凌晨上传周晓博客的原始稿，忠实原汁原味，尊重历史痕迹。需要说明的是，该文所体现的当时的共合网的商业模式、经营思路、企业状况、发展目标等各方面和今日的共合网情况已有很多差别。

2010年6月，在软银中国经济分析师的指导下，共合网调整财务模型，设定新的主营方向和阶段目标，并制定了第二个五年计划。

喜看稻菽千重浪
——共合网成立纪念版酒铭

R&V-INTOHOTEL 2006

法国木桐十字古堡酒庄酿造

共合网－畅翔网成立纪念版酒铭

公元 2004 年，法国波尔多葡萄欣逢盛产佳年，是年海外学子林东、郭羽携手归国，相约创业并首创 R&V 经济学理论；其后周晓以 R&V 理论策划出 R&V 共合网与 Intohotel 畅翔网两套商业模式；徐汉杰为 R&V 共合网与 Intohotel 畅翔网制定了财务模型与发展计划。乃有风云际会创始团队组合。

公元 2006 年，R&V 理论鹏化商业，喜诞双子：R&V 共合网在广告界横空出世，Intohotel 畅翔网在差旅管理业异军突起。有感于杭州乃创业天堂，两家公司皆落户于下城区创意新天地！

值此 R&V 共合网与 Intohotel 畅翔网共同成立之际，借林东、郭羽赴欧洲管理学院演讲之机，向法国木桐十字古堡酒庄定制出品，以 2004 年份波尔多优等产区特等葡萄原浆，于 2006 年 5 月 25 日吉日佳时灌装千支 A.O.C. 干红葡萄酒，以志 R&V 共合网 –Intohotel 畅翔网诞生纪念。

时光不语，加龙河存封醇香；岁月如歌，西子湖见证风流。两支创始团队取埋酒亮相凯悦，赠君惠存。喜看稻菽千重浪，醍醐相庆更辉煌！

是为铭。

【旁白】

本文是为 2008 年 7 月 9 日畅翔网与共合网联合发布会的礼品酒所写的纪念酒铭。畅翔网与共合网曾订购一批法国木桐十字古堡酒庄的红葡萄酒，原酒标上酒铭落款为林东、郭羽、周晓、徐汉杰、吴文勇五个共同创始人的签名。

2008-01-03 09：18：00 | By：周晓 | From：《走向共合》2008年第1期第4版

谁持彩练当空舞

——共合互动传媒平台解读

共合网每天都在成长，受到的关注也越来越多。最近屡有朋友来电来函，和我探讨共合互动传媒的概念，各人有各人的理解，看来对共合互动传媒的理解分歧还不少。伴随着大量媒体不同角度的报道，感谢各界对共合互动传媒的支持和关注，心下窃喜，这个平台逐渐活起来了，这当然是好事；这个平台很多人并不完全理解，这点也是问题。这是一个什么平台？一万元为何而付？这个平台有效吗？平台如何组建？平台因何存活？平台应该如何发展？诸多问题大家都在关心，也该认真回答，所以写了此文。

上篇：解读共合多方互动传媒平台的理念

·这是一个什么平台？会员联盟！

共合互动传媒全称共合多方互动传媒平台，是一种独特的“R&V非竞争战略联盟”。共合网致力建设共合多方互动传媒平台，并为这个联盟发展会员。

外界有时会强调共合互动传媒的传媒表现形式，这很正常，形式上，共合互动传媒确是体现在一个个放置在各个商家的特制机柜上，这个机柜是必要的传媒发布载体，资源置换总要通过一定形式来实现的；共合互动传媒也是一种传媒联播阵地，犹如分众传媒或玺诚传媒的流媒联播体系，都是创新传媒平台。

需要特别强调的是，共合互动传媒不光是一个生存在都市时尚生活地带的广告发布网，还有自己的灵魂：商家的联盟、用户的联盟、资讯的联盟——共合互动传媒的实质是一个商家会员的资源共享联盟。

共合互动传媒的最神圣的使命是通过“R&V资源置换”原理，建设一个商家的资源置换联合国，一个商家和异业的十家结盟，十家又分别和各自的其他十家结盟，从而一生十十生百如细胞裂变，倍生蔓延；如分子结构，环环相扣；所有的会员献出自己的一个资源阵地，同时享受十倍的资源阵地。商家联盟在大家共同提供的大阵地联盟上，分别发布自己的资讯，又形成了一个都市生活消费资讯的联盟，众多加盟会员的商家网点最终联合成了共合互动传媒。

有些人简单地认为，共合互动传媒就是类似诸多新传媒，通过在各种网点放置屏幕、展架、灯箱等方式建立起传媒发布平台，然后经营广告盈利，这就有点把共合互动传媒的核心主题忽略了。

· 一万元为何而付？十倍服务！

共合网希望通过邀请商家加入一个资源置换的联盟体，商家付出的是一定的加盟费（通常是一万元），付出这个加盟费，就成为联盟会员。商家得到了什么？首先，加入联盟的商家得到在 10 个异业的商家场所全年的、免费的、有效的宣传自身的机会。包括每日每个网点 55 次全年共计高达 20 万次以上的流媒广告播放机会。

其次，加入联盟的商家得到在 10 个网点常年放置宣传资料、投放促销传单、散发优惠折扣券等有效精准的营销服务。

第三，加入联盟的商家得到在 10 个拥有潜在客户的异业商家中，开展优惠券互投、VIP 卡共享、会员信息互换、联合促销活动等多种形式，常年向他们的众多客户推荐自身的机会……

随之，共合多方互动传媒平台还会经常以免费赠送的形式，展开多种商家联合营销服务：比如商家会员卡的统一免费发行，推行各商家优惠共享的特定联合 VIP 会员，商家联系卡、水单和账单等用品的免费制作，商家促销宣传手机短信的免费发布，商家联合制作发行宣传 DM 单和信息册页……

同时，共合多方互动传媒平台还赠送一个复合机柜放置于该商家场所，机柜上有液晶屏可为商家播放自身和别家的流媒广告，有资料架可供商家自身和别家放置宣传资料和直投杂志，成为一种特别的时尚生活资讯的交流平台……

此外，共合多方互动传媒平台机柜上还将开发手机感应设备，通过手机短信彩信的方式，向进入店堂的来宾传达商家的电子杂志、电子优惠通告、电子折扣券等即时资讯；同时为商家收集统计进店人流的相关精准信息……

日后，建立在商家资源置换联盟的基础上，条件成熟，共合多方互动传媒平台还将推出若干副产品：都市时尚生活手册、都市分类消费地图、城市商家黄页、时尚生活资讯速递光盘、都市生活消费联卡、订座114……只要是加盟的商家，自有良多受益。

也有人误解共合多方互动传媒平台是收一万元，给一个机柜之类。这就未免把这个平台看得太小了！一万元是会员加盟费，机柜是免费进场放置的，会员服务是多元的，商家收益是综合的。

付出一万元，成为资源置换联盟的会员，得到一年的多方互动服务，是不是值得？我们会步步做好，让商家细细判断。

·这个平台有效吗？自然有效！

和纯粹播放广告片的媒体不一样的是，共合互动传媒上，是对都市时尚生活有实际引导作用的消费资讯：一方面，播放的是特别针对商家客户的品位的异业商家生活资讯，内容受欢迎；一方面，播放的是周边邻近地带的消费场所状况，信息很实用。共合互动传媒上是商家广告的联播，也是时尚商家专题片的联播、都市生活指南的联播、高雅品位消费方式的联播。

在时装店购物，顺便看看逛好街到哪里饕餮；在餐馆里消费，顺便看看饭后哪里有好酒吧；在酒吧里消费，顺便看看附近有何 KTV；在一场痛快淋漓的欢唱之后，顺便发现附近的养生会所；在一次舒适放松的 SPA 之后，顺便寻找附近的精衣美食……共合互动传媒步步引导时尚生活的方向。

有人问，逛街时、泡吧时、卡拉 OK 时、桑拿时、健身时，你的广告位置醒目吗？你的广告有人看吗？我们的广告无须特别醒目，我们的广告自有独特功效。关键就在内容上。这是独特的广告，这是一种可以让人主动寻找查阅的“广告”，因为，在共合互动传媒所在商家的客户，消费需求是多种的，消费习惯是近似的，客户需要这种非常有效的身边资讯，这种“广告”会对客户的下一分钟行动方向产生引导，它在解答客户对同类风格消费的思考判断，是客户的消费参谋。

如果处在闲置时间，共合互动传媒的广告当然比不上垃圾时间看电梯广告有效；如果作为强制广告，共合互动传媒的广告当然比不上电视节目插播广告有效。犹如看菜单点菜、看路标开车，一旦人们在消费场所看共合互动传媒、查共合互动传媒成为习惯，被动待看的广告就会变身为被积极寻找的时尚字典、消费指南、生活顾问，共合互动传媒就会激发不可思议的有效性、指导性和领航性。

正是“主动”广告的特定意义，使共合互动传媒成为有别“垃圾时间”、“强制广告”的新型传媒。我们不“等人看”，因为我们能做到“让人看”！

下篇：解读共合多方互动传媒平台的运营

·平台以什么法则组建？四项法则。

R&V 理论是由共合网首创的一门创新经济学说。共合网认为，天下资源无处不在，每个社会体系、每个市场和产品都拥有特定的人群、载体或通道资源。R是指现实资源（real resource），指的就是消费商场、销售现场、产品票据、实物市场、宣传媒体等看得见的常规资源，而这些特定的人群、载体或通道的常规商业形态背后，蕴涵着巨大的可以与其他社会体系、市场和产品共享的潜在附载能量，具有巨大的潜在商机；V是指虚拟资源（virtual resource），就特指这种可为异业共享的潜在传媒资源。R&V，指的就是各种资源持有方之间可以通过资源的共享整合，以多种有效的创新经济模式，建立非竞争性战略联盟，激活释放潜在资源能量，创造新价值，实现双赢和多赢。

R&V理论是共合互动传媒实现R&V商业创新模式的理论基础。由此，共合互动传媒依循四个组建法则：法则一是年费制会员加盟，法则二是一比十资源置换，法则三是一公里营销联动，法则四是非竞争性战略联盟。

年费制会员加盟是平台基础组建法则。很多“新媒体”新在传媒载体形式，经营模式也是传统的：花代价建设一个传媒平台然后寻找客户赚广告费。而共合多方互动平台之所以独特创新，就在于突破了一般的传媒经营商业模式，以创新的广告发布网点联盟形式面世。不是用支付租金的方式购买各个网点的广告发布权，而是收取一定的加盟费，用商家置换的方式，聚合了传媒阵地，使加盟者获得十倍的置换资源和众多增值得益，众多加盟者的阵地整合形成大平台，共合互动传媒也随之获得这个传媒资源整合平台的经营权。

一比十资源置换是平台核心组建法则，每个资源阵地提供者既是广告资源供应方，也是广告资源需求方，还是该平台更多资源的潜在需求方。共合互动传媒中直接包含了广告供需双方，共合网因之拥有了一个巨大的优质传媒资源平台和巨量的广告客户资源。

一公里营销联动是平台重点组建法则。商家的资源置换对象是周边近距离的同等质量规模和类似客户群的一批商家；这些周边商家又置换各自周边的商家阵地，这样，平台中每个商家获得的都是就近最有效的资源，不断粘连发展，形成影响力的裂变蔓延。

非竞争性战略联盟是平台前提组建法则。当然，所有的资源置换之所以可以实现，没有对抗排斥是充要条件。共合互动传媒是多方的互动，这是一个非竞争性战略联盟，在广告发布原则上，保证每个商家和他所置换的十家没有同行关系，在商家阵地发布的广告和自身所在行业不存在商业竞争。

·平台为什么可以存在？各方认同。

首先，经营商家乐于接受这个模式。所有开门做生意的商家都会在乎客源人群，也不可避免地要思考如何吸引客源人群，而由于商家的经营方式、广告诉求和承担能力所限，传统的营销宣传方式往往不能满足需求或不能做到精准针对，造成传达偏差或广告浪费。共合互动传媒正是这样一个应运而生的产品：把商家组织起来，每家都是别家的传播阵地，每家也是别家的用户，结成异业之间的传媒资源联盟，共享人群、共享市场、共享商机！通过一比十置换方式和一公里营销概念，享受放大了的十倍回报；借助流媒宣传片、短信互动、传单发行等多元的现场营销形式，在十倍的优质客源人群和潜在市场中，产生最有效的直接营销作用。让商家最想传达的信息，直接面对面地放到最想告知的人群中，这就是商家需要的花最小的代价做最有效的推广的模式。

其次，广告业主乐于选择这种媒体。一是精准分众：这个特别平台具有特别精准的广告针对性，可以按类别投放，如酒类广告可以只投向酒吧、餐厅，房产广告可以只投向汽车 4S 店、商务会所，化妆品广告可以只投向健身房、美容俱乐部。二是量身定制：由于这个平台是通过一一配对编排，定期轮换发布内容的，完全能实现定制选播：可以投放在指定的街区范围，可以按周变更主题，可以按实际需要选择点位数量规模，理论上甚至只投放一个点一条广告也可以实现。三是优越性价：由于每个网点作为加盟点已获得了周边十个点免费投放广告联动促销的合理回报，平台不需要像其他新媒体承担租金分成，也由于平台可以得到加盟费收入，平台不需要像其他新媒体需要完全通过广告收入维持生存，所以在具有超低盈亏平衡线的背景下，这个平台可以设定低平合理的价位、优质可靠的性能、平易近人的价格，为广告主奉献不可思议的优越性价比。

当然，受众也会喜闻乐见这类平台。这个平台可谓商家信息交流平台、都市消费资讯平台、时尚生活专题平台。自然，平台上发布的也是广告，但这种广告更像一种精心剪裁编辑的专题片，系列地介绍周边的消费内容，可以不看甚至视而不见，一旦需要随时取得借鉴：看一看周边还有什么好地方，翻一翻几个感兴趣的场所的介绍资料，拿一份区域消费导游地图，取几张即将要去的商家的消费优惠券……平台的出现，对受众也就是商家的消费者，给予了实际的帮助：这不像强制广告要你强制接受，消费者面对这样一个优雅而周到的贴身时尚顾问，谦逊而细致的实用消费指南，应该会慢慢习惯接受和应用的。

·平台用什么心态发展？水到渠成

一要尽心讲透道理。共合互动传媒是一个全新的观念。没有全面理解 R&V 的概念，没有透彻了解加盟的本意，仅仅粗线条一说，很多人会自然联想到分众模式，一万元为何而付和是否值得，一比十能否兑现和怎样运作，机柜入场如何安置和效果如何，都需要认真宣讲，尤其我们是发展资源置换联盟的加盟商，而不是拉广告业务、圈广告阵地，这个道理一定要反复讲透。我们要有传教布道的心态宣传推广这个平台。

二要诚心探讨合作。共合互动传媒的合作模式不能忽略每个关键要点，收费而不是免费、置换而不是收购、联盟而不是铺点，都要真实地表述给加盟合作者。那种放进机柜试用的做法，甚至付租金进场先把网点铺出规模再说的方式，也许是建设一般广告平台的上策，但是对需要建立资源置换联盟的特殊平台无效，共合网倡导用诚意说话，以共赢为本，做明白生意。

三要专心分析客户。共合互动传媒的实现是一个严谨的共赢机制，商家只有需要才会加盟，这是至高无上的真理。在商家选择加盟之前，必须立足具体商家的具体情况，调查商家的市场背景，研究商家的消费人群，掌握商家的营销手法，分析商家的广告形式，推导商家的销售诉求点、广告需求点，从而演算出共合多方平台对其实打实的作用和作用的大小，进而引导商家加盟和确定具体加盟的条件、形式和节点。一个有底蕴讲道理的平台，何必仗气势凶悍，从容自以理服人。

四要耐心发展个案。共合互动传媒的建成需要长期的运行，好比开婚姻介绍所，通常发展第一个人最难，有了几个美女就能吸引更多好男，众多好男加盟，更有如云美女倾心，一个人吸引一百人难，一千人吸引十万人易。资源置换亦如相亲姻缘，加盟几率凭借可选数量，如此凭优质网点的逐渐增多，自然能够吸引更多网点加入，每一个成功加盟的商家都有可能带来十个追随者，网点量越多越容易进行资源配对置换，这个平台的发展是会有可怕的加速度的。当一千个点位在握时，水到渠成，吸引五千个商家入伙并不难了。海纳百川有容乃大，星星之火可以燎原。所以把握良好的心态至关重要，沉住气做死工夫，耐下心发展个案，不急！不停！不动摇！

五要保持平常心。共合互动传媒的事业是一个阳光下的宣言。是的，我们要积极呼吁，要强劲推广，我们相信勤能补拙、厚积薄发；我们也相信狼群战术、多点开花。但是我们更在意商家是否全心认同，平台是否根基坚实，功效是否切实圆满。要建设一个真正长远成效的创新平台，要经得起公众拷问、时间验证和竞争冲击。有人热心，制定了传销式的“销售管理即团队建设规划”，我们谢绝了，因为不适合我们稳扎稳打建设真实资源置换联盟的宗旨；有人善意，推荐了一些机构官员甚至消防片警关系，我们放弃了，因为不符合我们要靠商家自愿结盟实现共赢的性质。坚决不勉强，坚决不夸张，坚决不凭关系夹生进场，坚决不用悬赏传销忽悠商家。让我们抱元守一，共合多方平台坐看云起，王者不争。

六要激发创新心。共合互动传媒是一个多元的传媒资源平台。我们坚信商家场所的“闲置资源”一经系统化开发，定能焕发神奇；我们也坚信一旦这些“闲置资源”逐渐变身为神奇传媒资源，定能吸引万千用户踊跃应用。今天的共合多方平台只推出了一个机柜发布广告，已然让世人感叹新奇夺目。而我们还会继续推出手机感应系统，传播商家电子杂志，发放电子优惠折扣券，推出都市时尚生活手册、都市分类消费地图、城市商家黄页、时尚生活资讯速递光盘、都市生活消费联卡、订座 114……创新是共合网的灵魂。

当共合互动传媒信手拈来均是媒体、随意组合皆为策划的时候，当共合互动传媒成为无数个创新传媒资源的联合平台、万众瞩目的时候，当我们的加盟者意识到平台蕴涵的巨大潜在价值、摩肩接踵的时候，又将是何等光彩照人、神奇连篇！

让我们期待明天，共合网广阔天地，大有作为！

【旁白】

本文根据2007年8月10日周晓在共合网北京分公司市场会议上的演讲稿整理。

当时众多媒体对共合网的一种创新的商业模式“共合互动传媒”有多种推想和判断，也有一些曲解之处，本文曾作为“共合互动传媒”的标准解说词，载于共合网企业报《走向共合》的2008年第1期第4版。

2007-11-01 22：59：00 | By：周晓 | From：《走向共合》2008年第1期第4版

万类霜天竞自由
——共合网十月宣言

一岁的共合网，一路踏着奇迹走来。模式稳定了，团队稳定了，风格稳定了，这支传媒新军还一直维持着越来越强的斗志和越来越高的激情，这样很好。

一个企业，在初创时，会允许有个尝试期，这个阶段，是用于磨合团队和调试模式的，共合网的过去一年，就是这样的试营业期。站在初创的角度，一年磨练，我们合格了；站在新的高度，我们只能说找到了方向，真正站到了跑道上。一年来的共合网，掌声与喝彩夹道，盛誉与高估随身，那是因为初创容易被关注，容易出成绩，容易被看好；时光荏苒，一时风光将会消退，传媒和公众的目光将追逐更新的现象。共合网将依然回归从容，把心放静，我们要思考很多面临着的课题：我们可以一直高速冲刺如昨日吗？我们可以一直勤勉工作如初创吗？我们可以一直团结快乐如今时吗？共合网的事业恰如一盘大棋，开了个好局，已行近中场，着着务须争先，着着牵动四方，着着一发千钧，着着不容有失。一个优秀的棋手，走一步棋之前都要兼顾全局并想到前面七步。所有要深思熟虑的课题中，且放下别的问题，最重要的一个课题是：共合网下一步怎么走？

2007 年十月金秋，共合网无暇享受过去的丰收成绩，又开始酝酿下一步的三大战役：企业变身、团队整编、经营亮剑。共合网周年，注定要有一场大革命。

让我们立即开始。

一、企业变身：从战时草根政策有序转向规范法治管理

从最初的创业布局转向企业战略进攻。从验证模式的低调运营进入目标经营阶段。这就是我们现在所处的历史时代。面对这样 个特定时代，共合网需要调整企业的方方面面，从战时草根政策有序转向规范法治管理。

第一：大格局。

共合网在不动声色地建立自己的组织框架。一个严谨、有序、高效和平衡的共合传媒王国正在兴起。

实现阵地布局：我们在杭州建立了旗舰公司，也已经在上海、北京、广州、深圳四个中心城市建立了大区公司，下一步，我们将在6个月时间内，在天津、厦门、武汉、青岛、南京开辟5个重心城市分公司；然后力争一年内设立27个重点城市分公司，三年内建立108个城市分部，完成共合网中国市场大布局。

完善组织机构：经过持续3个月的梳理调整，我们开始实行三大板块的规范管理体制：设立了市场营销管理中心、后台支持管理中心、分支机构管理中心三大市场管理机构，设立了行政中心、新闻中心、财务中心三大行政管理机构，设立了网站管理中心、网络技术中心和网络运营中心三大网络管理机构。我们还将逐步充实建制，延揽人才，建立清晰完整的四级职能权限制、十二总监岗位责任制、矩阵式分支机构管理构架等一应科学管理体系。

第二：大文化。

共合网在精耕细作地培植自己的企业文化。一个底蕴深厚、目光看远的共合文化社会正在成长。

建立共合新闻中心：创办《走向共合》月刊，开通《共合博客》专区，建成立体的品牌形象传播展现阵地。

成立共合员工联合会：创办企业文化俱乐部，引进共合会所，建立各种文体运动队，设立共合登山节等团体活动，构建人文化的企业团队生活。

设立共合传媒奖学金：我们已在浙江大学传媒学院设立了首个共合传媒奖学金，联手北大、复旦、浙大等多个高校，开展主题演讲等系列活动。还将编制 R&V 理论教程、共合网相关题材书籍，促成 R&V 理论继续提升发展，走进高等学府课堂，带动社会效应。

共合网未来还将筹办共合传媒博物馆、共合创新俱乐部、创新传媒资源排行榜等，我们有志逐步成为中国的一个有鲜明特色的文化企业。在传媒文化理论上我们亦深切地希望有所作为。

二、团队整编：从狼群野战散兵积极转向攻城拔寨铁军

团队首先应该是集体的。团队成员需要单兵奇才，我们更要整体战士，因此，共合网推行团队协作高于一切的用人法则，在共合网共事的第一原则是团结合作；团队本质应该是个体的。团队成员需要品质高尚，更要能干有用，因此，共合网推行能做事情才能生存的用人法则，在共合网立足的基本条件是完成任务。初创的辉煌不代表永远的成功，我们不想昙花一现，

势必居安思危。明日更多战阵，血勇之气不可长恃，共合网即将实行团队大整编，从狼群野战散兵积极转向攻城拔寨铁军。

第一，战略调整。

改变三季度全力冲点的量化激励机制，四季度代之以倡导务实的绩效考核体制。制定蚁群、蜂群、狼群系列战术，制定协同作战的整体行销计划，形成销售合力。将原先的“自由市场”式散点发展改为“计划经济”式的配点推进。激发客户主动性。召开员工大会，统一营销理念，强化职业培训，完备销售工具。

第二，机构变阵。

将原有业务组分流形成网点加盟部、广告运营部和增值项目部三支特攻队伍。采用“三棱站位”的业务方式，从单兵出击改为三人组合、三组联动、三方呼应。将原先从签约加盟到装机收费、客户维护的一条龙跟进改为设置客户经理，加强客户互动性。针对每个业务或客户，实行业务签约、客户经理、后台客服三重对接。

第三，选将练兵。

精兵简政细分业务部门。一切市场职位由业务人员兼任，一线排除非战斗人员和半脱产干部，形成团队专业化、专才化和专攻化。前线坚决贯彻“战功封爵”政策，从业务尖子中选拔一批人结合进管理班子，明确晋升政策和引进效益竞争。老资格平庸员工进行转型让位，所有一线岗位均由高手坐镇正职。

三、经营亮剑：从苦心经营阵地应时转向全面运营传媒

坦率地说，共合网的规模、业绩、社会影响、经济收益，各个方面都还是微不足道的，但是我们已经迈出了第一步，既然证明了我们能迈出第一步，那我们就要在未来迈出更大的步子，踏上一个新的台阶。我们不是为了圈一个概念，不是为了活着而战斗，而是为了我们的百年事业在做事。经历蛰伏，需要破茧。做大事业，要大志向，共合网希望通过实力赚钱，通过赢利证明成就，通过成就铸造品牌。我们苦心备战经年，打好阵地基础，就是为了今天可以掌握优势的传媒资源，创建优质的传媒平台，全面开展传媒运营。

坐拥天时地利人和，我们亮剑出师。

第一，立体行兵战略。

我们一开始经营的就不是单一的品种，我们不仅仅是在一个机柜上播放广告，也不仅仅是做一本时尚杂志，我们是各种媒体的整合，我们是整合媒体的运作，所以从一开始出手，我们就是集中经营方向一起进行，同时开展几种形态的领域一起发展，六项新媒整体亮相，搭建复合媒体的平台，我们要做最善解人

意的媒体。

——六剑齐发，多元置换形式。

——一招制胜，点式套餐方案。

——主攻代理，分拆营销体系。

——成交至上，多重价格组合。

第二，多方协同战阵。

——对应媒体，六部编制。

——对应区域，五城呼应。

——对应项目，四方联防。

第三，全面出击战法。

第四，分时递进战术。

——步骤：分时开放阵地，分步推出政策，分类启动市场

——目标：个人收入目标，组队业绩任务，企业整体指标

共合网不想做固步自封的公司，不想做哗众取宠的公司。从共合网创建的第一天起，我们几个创始人就认定要做一个正常的企业，市场和社会要求该怎么做，我们就会怎么做。不靠砸钱，不靠炒作，而靠模式的竞争力和团队的执行力。共合网发展到现在，我们感到比较欣慰的是，共合网的模式和共合网的执行力都得到了很好的证明。我们需要先尝试，先冲刺，先像游击队一样

短促出击；但是到一定程度，我们认定了道路，也需要学会取舍，学会进攻，学会像正规军一样，以堂堂正正之师，打出我们的万里江山。

如今的共合网，已然可以越来越清澈地展望未来——我们中的一些人能拿到期权，一部分人会成为某个分公司的总经理，更多的人也将跟随着共合网的发展趋势，水到渠成赢得未来的成就和财富。机会还有很多在召唤着，位置还有很多在等待着，关键是要怎样主动接纳今天的机会，找到明天的位置。现在整个公司也就数百个员工，我们中有十分之一的人可能成为独当一面的诸侯。成功和财富的奇迹在很多的企业中都是存在的。只要你是这个企业的灵魂人物或者有用人才，对企业有很大的贡献，成为一个企业离不开的人，那么这个企业也会给你回报。如果说共合网是例外，那么一定是成就更大、回报更高的例外！

所以希望大家在这么有发展空间的一个公司里，发挥自己的才能，来获取这么高的一个位置。这需要不仅仅能够苦干，还要体现你的领导才能，你要变成一个人才，杰出的人才。

共合网到了全面出击的时候了。大道无痕，不必再试练新招，只要坚决做下去！是英雄就站出来吧，这里就是用武之地。抬起头来，成功的荣耀、财富的回报，就在前面！就在今天！就要兑现！

现在，请让我们回答开头提出的三个问题：我们可以一直高速冲刺如昨日吗？我们可以做到！我们可以一直勤勉工作如初创吗？我们可以做到！我们可以一直团结快乐如今时吗？我们可以做到！

把过去的一切归零，继续前进吧。

【旁白】

本文根据周晓在共合网上海分公司2007年10月的业务动员会上的演讲录音整理。

当时正值共合网进行牧歌式的高速突进时期，大摩银行和美国安永公司分别对共合网的商业模式进行了考察。

本文部分语涉共合网商务细项之处，有所删节，主要是有些具体商业数据和内部职位变化情况，并不希望因我的一个个人文集而可能不妥地外示。

鲲鹏展翅九万里
——共合网竞聘行动的 CEO 寄语

2008-01-22 09：21：00 | By：周晓 | From：《走向共合》第 3 期第 1 版

到成都去！到武汉去！到大连去！去开辟更多生机勃勃的城池！

2008 年注定是一个英雄的年代，每一秒充满传奇的意义。安德维面壁破壁，共合网正在爆炸，锋芒指向了 11 个黄金地区和 30 个重点城市，布局已定，战鼓已擂，一场牧歌式的扩张运动蓄势待发。既然你从烽火行伍之中锥现，何不就到海阔天空之地鹏举。来吧，我们等待拓疆的骁将、领军的统帅，我们将满怀期待，期待你的亮剑！

到西部去！到东北去！到中原去！去征服更多虎踞龙盘的江山！

2008年注定是一首成功的史诗，空气中喷薄征战的血性。共合互动传媒发布英雄帖，分支机构中心吹响集结号，总部推出了扎实的激励机制和厚重的期权计划，成就在望，财富在望，一群骑士式的布衣卿相呼之欲出。只要你有胆有识能征惯战，共合网立木断金言出必践！来吧，我们等待的守土的诸侯、治国的王者，我们将肝胆相照，共创共合王国！

来吧，王侯将相宁有种呼？该出手时就出手！

来吧，这是你的时代！

周 晓

2008年元旦

【旁白】

本文是为《走向共合》第三期共合网竞聘行动写的刊首按语。

附摘共合网竞聘行动内部公告如下：

在公司全体员工的共同努力下，共合网已经发展成为一个万众瞩目的公司。公司每一步的前进，都承载着全体同仁的汗水和期待，对此公司深表谢意！

共合网日益壮大，2008年预计要在全国范围内开设分公司，公司决定从现有的员工中进行选拔，优秀的人才将被派到各个分公司去充实管理层，将共合网的种子播撒到全国各地。具体报名办法如下：

一、“招募精英”范围、要求以及招募对象

1. 在工作中任劳任怨，得到同事及领导肯定的公司全体员工；

2. 同意长期被派往外地并服从公司安排的公司全体员工；

3. 在工作中有突出表现的一线员工；

4. 公司外优秀的社会人才。

二、招募时间

从公布之日起长期生效。

三、招聘职位

各分公司副总经理、行政人事经理、销售总监等多个职位。

四、“招募精英”流程

1. 自荐（推荐）表格统一以邮件形式提交至分支机构管理专员曹翔宇；

2. 分支管理机构进行综合考察并作出评价，然后递交给选拔组委会进行审核通过，最终作出决定；

3. 选拔结果由分支管理机构通知行政人事部门进行发文。

五、选拔组委会成员

首席执行官：周晓

常务副总裁：吴文勇

运营副总裁：梁彦春

行政副总裁\总裁助理：陈芸

行政总监：杨忆琳

分支管理机构主任\上海分公司常务副总经理：张瑛

我们期待各位优秀员工的踊跃报名！

安德维（中国）网络传媒有限公司

共合网分支机构管理中心

2008年元月

狂飙为我从天落

——共合网两周年庆 CEO 献辞

2008–06–16 11：23：00 | By：周晓 | From：《走向共合》第 5 期第 1 版

春夏交替之令，共合三年之届。

共合网正处一个风云激荡的伟大时刻：广告业几轮变革，从阵地为王悄然转向渠道制胜，创新模式的共合网得到更大市场空间；新媒体重新洗牌，从先入为主转向群雄割据的战国时代，自成一派的共合网赢得更多发展机会。今天的共合网已经扎实开辟了根据地，我们有幸生逢其时。

共合网正在一个血气方刚的青年时代：几经探索，模式开始成熟稳定；几经洗练，团队日益阵容精强；资方戚顾，启动资金充沛从容；多方关注，企业幸得社会支持。今天的共合网已经高速冲出了助跑区，我们注定一飞冲天！

两年草创艰辛，依然历历在目。那时候我们一直坚信一个伟大的事业已从现在起步，会有一个传奇的企业从这里诞生。我们的激情似乎要将世界点燃。从最初的17个人、借一间会议室开始，那时候我们非常习惯忘记下班时间，最高纪录达到了连续三天三夜无偿加班；那时候我们大多数人只拿几百元月薪，整个公司月资最高的人竟然只有2650元；那时候我们可以在100多平方的办公室、三人拼一桌、40多人轮流坐着上班，可以在近40度的酷暑高温下没有空调地工作；我们曾经在深夜12点举办网站开通仪式打开香槟，我们曾经在凌晨3点登上初阳台看日出检阅士气，我们曾经在太湖之滨的草地上用身体搭出“R&V”，立志要齐心做大事……两年来唇齿相依多少事，共合网都记得。

两年商场征战，方显英雄本色。共合网相信事业靠人做出来，也感召了四方精英。我们当中，有的人为了共合网从英国、法国和加拿大漂洋归来，有的人为了共合网关闭自己的企业，有的人为了共合网放弃外企高薪机会，有的人为了共合网不惜放弃继承父辈鼎盛家业。两年来，在这个集体中我们逐渐凝成了一体，投入人生中最具有价值的青春和激情，在这里年事渐长，行知并进；在这里发挥潜能，找到定位；在这里开始创业，积聚财富；甚至也有人在这里找到良缘、结婚生子……两年来肝胆相照多少人，共合网都记得。

我们有理想，我们相信未来，我们也相信自己。就这样我们走过了两年。

过去两年，共合网一路疾行。我们想到的都做到了甚至做得比预想还要成功，我们预期的目标都实现了并且是加倍地实现了：我们的团队发展了不止十倍，我们的企业规模扩大了超过百倍，我们的业绩增长以平均每个季度翻一番的速度在变化。蓦然回首，共合网已是一个公众的事业、成功的企业。

未来数年，共合网会更精彩。我们会更迅猛地发展，我们正在成为兼跨互联网、传媒业和都市商业的超级渠道网络机构，我们将走出国门发展为国际性的都市商业资源联盟组织，我们会创造一个拥有数十万联盟会员和年收入百亿元的传媒王国。

立足现在，共合网还需拼搏。我们会面临更多市场的难题和竞争的挑战；我们还要战胜自己，随着共合网的持续规模发展，我们的任务将越来越重，我们的责任和压力也会同比放大，我们需要一如既往地三军用命。

如何经得起公众关注并且保持潜心做事，是一个要紧的课题。至少共合网要从归于平静从容做事开始。

如何保留共合网精神和提升团队面对新形势，这也是一个要紧的课题。至少共合网要从狠心砍掉一批落伍者并海纳优秀人才开始。

如何让共合网好好赚大钱并且迅速复制扩张，这同样是一个要紧的课题。至少共合网要从学会用大钱成大事赚大钱开始。

随着共合网的爆炸式壮大和市场规模急剧增大，管理进入了一个拐点。如何过渡变身，这是不得不慎重解答的一个要紧的课题。至少共合网要从制定军规强化集训深练内功开始。

据说企业成长最关键的时点就是第三年伊始。倍经艰辛，初见成绩，团队也许会有疲态，也许选择松一口气，可能就会故步自封甚至功亏一篑；共合网还在成长期，真正的辉煌还远远没有到来。我们还想飞得更高，就不能松这一口气。共合网能走多远，取决于我们能把创业的精神坚持多久。

共合网创造了一个商业奇迹。这个奇迹是在大家共合努力之下的共同成就，共合网属于全体共合网人。共合网坚信披沥耕耘都会获得丰厚收获，一切付出定有百倍回报。共合网感谢两年来并肩作战的所有共合网人，铭记所有为这个事业作出的牺牲、付出的辛苦和创造的奉献的人；共合网会为他们当中每一个人带来终身的荣耀、稳定的事业和优厚的财富。时间可以见证，成功理当共享。

让我们继续前进！

【旁白】

一个企业到了第三年，也许口号和动员都已经审美疲劳。本文落笔之时，共合网即将经历翻天覆地的变化，人人充满对未来的信心和憧憬。我个人内心其实觉得此时此刻重要的是抓紧对已经恶拼了两年、牺牲了很多的创业团队说谢谢而不是忙着再喊加油。所以笔下很涩，最后是用一年前写的一篇《百练方成绕指柔——我看拐点上的共合网》的基本文字改头换面对付凑出了这篇不是很想写的作文。

本来还有另一个稍微家常话一点的版本，那个版本后来弃用了，其中的一部分文字在半年后被我用到另一篇文章中了。参见后文《来了——我的2009兼致共合网诸君》。

2008年6月以后，我出乎自己意料地淡出了安德维。2010年伊始，我事先没打草稿地料理着共合网。时间太快，变化兀然。一回头共合网已过四周年了。

后来，共合网四周年之日，没有什么“献辞”、“宣言”需要我写，更没有任何庆典活动。我自己一个人在西城广场的广合缘吃了一盆扬州炒饭。

吃饭时我想：明年，共合网五周年一定不是这样过的！

百练方成绕指柔
——我看拐点上的共合网

2007–07–05 01：48：00 | By：周晓 | From：【共合网】周晓的博客

百度一下“共合网”，有 23300 篇，谷歌一下“共合网”，有 28500 篇，很多人说了很多见地，还看见很多评论。因为我的身份特别，照理不该写这个题目，不过也正因为我的身份特别，感受自也更直接。所以还是想写写。

我看共合网的新闻和名气。

自上个月，网上报道共合网的新闻多了起来。能红总归是好事，至少理念可以更快传播四方，知名度大点生意也会好做点。同时心里也隐隐有点担忧：网络是会放大一切的，有些评价高了些，有些赞誉狠了点，盛名之下，诚惶诚恐。毕竟实际上共合网还只在成长期，概念是不错的，实验才是开头，成绩不足惊世，前途还有阻力，真正的辉煌还远远没有到来。“高筑墙、广积粮、不称王”，现在迫切需要保持一份平常心吧，当然平常心说来容易，做起来是要相当功力的，如何经得起公众关注并且保持潜心做事，是一个要紧的课题。至少共合网要从归于平静从容做事开始。

我看共合网的精神和团队。

一直以来，共合网最大的优势是团队，年轻、忠诚、激情、灵活。很多时候很多事情很多奇迹，都是来自大家不要命的合力，许多即便不可能或不现实的任务也硬拼出来了。草创时期，原始感情就是江湖规则，拼命三郎就是创业主将；而如今团队扩容，目标放大，游击队改编成正规军，渐渐要靠后来引进的一批实力派大将来领军打正面阵地战了。其实换个角度分析，共合网最大的隐患也在团队上：年轻指战员心态起伏大，忠诚老战友松散难管理，激情人缺乏计划条理，灵活者不肯坚决傻干；让大家一起转型像真正的大公司职业白领一样，建成一支真正的铁军，不单靠一批学生军、靠土办法、靠拼命，更要迅速学会依靠人才、依靠机制、依靠战略战术，如何保留共合网精神和提升团队面对新形势，这也是一个要紧的课题。至少共合网要从狠心砍掉一批落伍者并海纳优秀人才开始。

我看共合网的核心竞争力。

共合网拿到了风险投资，毋庸置疑，有钱了这是一件大好事。但是近来整个世界提到共合网就必提风险投资，连很多共合网员工也 VC 不离口。这点让我相当担心：李自成败在进京就止步，朱元璋赢在一直坚持战斗不收手。毕竟风险投资到了只是一个新起点开始，风险投资可以加快发展速度，风险投资也会消磨创始团队的斗志，风险投资还会带来负面的竞争压力。共合网的核心竞争力还应该在于自身模式的创新性和团队的执行力。有无风投都要实打实地赚钱做事，业务上赚得的钱才是实实在在的利润。从现在开始，一线作战人员可以不必管风险投资这桩事了，全力以赴打仗去。做不出业绩指标，风险投资的钱也是要花完的。如何让共合网好好赚大钱并且迅速复制扩张，这同样是一个要紧的课题。至少共合网要从学会用大钱成大事赚大钱开始。

我看共合网的培训和管理。

初期的共合网，自然没有系统的培训，但也不安章法地创出了很多激励方式，董事们现身说法，业务员立军令状，有想法常促膝谈心，有赢利即吃饭唱歌，出招前集体讨论，我也一样经常直接谈业务拉客户，很多行动不是培训也是培训，不安牌理而行之有效；如今一口气猛打猛冲了三个月，基本成绩出来了，能力差距拉开了，亲情关系弱化了，原有激励不灵了，暴露出的问题很多很多，要学习的东西很多很多，也该休养生息，整编换血了。随着共合网的爆炸式壮大和市场规模急剧增大，原来的管理培训方式肯定不能简单沿袭，圣经说："如果我们走得太快，就要停一下，使灵魂跟上来"。请专家来带部队、由专家来订规矩、让专家来打天下，一整套规范的管理机制、培训机制、激励机制势在必行。管理进入了一个拐点。如何过渡变身，这是不得不慎重解答的一个要紧的课题。至少共合网要从制定军规、强化集训、深练内功开始。

拐点上的共合网，潜在的盲区浮现，面临的课题很多。

好吧，百练方成绕指柔。

【旁白】

参看上一篇《狂飙为我从天落——共合网两周年

庆 CEO 献辞》，其实就是用这一篇文章改写的，两篇文章实际时间相隔一年，我改动了一些地方，也很隐晦地加入了一些自己很想说的话，两篇对照看看挺有意思的。

2008-01-22 05：27：11 | By：周晓 | From：市场管理中心月度会议纪要附件

无限风光在险峰
——共合互动传媒 2008 年春季战役作战指令

历经一年生聚，共合多方互动平台初具规模。前方营销市场战线烽火经年，杀出了路也赚了些钱；另一方规范管理战线也渐入佳境，筑就一套独门执行阵法。

去年年底共合网提出了“向市场进军”的口号，像绿林好汉一样狂冲了一年；今年年底共合网推出“做规范铁军”新口号，团队整编之后，12 月份五个分公司开始同步启用标准化后台管理，元旦还将开通新版网站，实现后台管理网络化。眼看又将开启一场新的战争。

A. 战役背景

一、战役性质

· 资金到位，模式成熟，企业成年，经营必须真刀真枪，步步见效。

· 2008 年高速扩张势在必行，本战役即是在飞跃发展的前哨之战。

二、战役目的

· 全面检验项目赢利模式，稳定开拓系统经营渠道，成熟建设一线经营团队。

· 为本年度后期的全国战场全面飞跃创立基本的、稳固的桥头堡阵地。

三、战役目标

· 稳步扩张，扎实赢利，优化良性运作的创新平台，打开稳定业务渠道。

· 锤炼团队，奖优汰劣，建成能征惯战的共合铁军，获得预期赢利目标。

四、战役宗旨

· 各分公司及各部门必须各司其职，责任到人，执行指令，如期完成目标。

· 共合网将严格岗位分工，令行禁止，赏罚分明，不折不扣兑现奖励政策。

B. 作战指令

一、总部及公司整体工作指令

1. 销售准备

·CTR 调查

——2 月 28 日前，完成 CTR 调查第二阶段工作。

——3 月 5 日前，完成调查报告并和前一部分合并统稿（费礼文负责）。

·全套销售资料的编纂、设计和制作（梁彦春负责）

——2 月 25 日前媒体项目介绍文本的文字稿完成（梁彦春负责）。

——2 月 28 日前宣传册、广告单页、PPT 设计稿完成（梁彦春负责）。

——2 月 20 日前销售讲词初稿完成并各方征求意见（邬雪芬负责）。

——2 月 20 日前销售宣传片创作文案完成（张舸负责）。

——2 月 28 日前设计制作完成（张舸负责）。

——2 月 28 日前，责成各分公司负责人完成制定商家网点资源推介手册。

·共合互动传媒的产品宣传推广计划（陈怡洁

负责）

——2 月 20 日前，策划制订可行的杭州宣传推广计划方案。

——2 月 28 日前，落实户外广告、网络推广和传统广告置换的执行方案。

——3 月 1 日起，开始执行产品宣传推广计划，为期 2 个月，范围杭州。

·2 月 28 日前，责成各分公司负责人制定准确实用的一户一价广告价目表

——流媒广告价目表（北京宋洋负责，杭州周晓负责，深圳桑杰涛负责）。

——传单派发价目表（北京宋洋负责，杭州周晓负责，深圳桑杰涛负责）。

——杭州的手机服务价目表（张瑛负责）。

2. 经营计划（张瑛负责）

·2 月 29 日前，全面完成经营准备

——2 月 20 日前，确定各分公司经营指标，公布奖惩政策。

——2 月 25 日前，责成分公司负责人制订相应执行方案和计划。

——2 月 28 日前，完成战前部署调整，整编团队，做好一应预备工作。

——2 月 29 日前，公司高层巡察各分公司，完成

战前检阅和动员。

——3 月 1 日，春季战役正式打响。

· 制订独立的上海整体广告经营方案、执行策略、业绩指标和工作计划

——2 月 25 日前，提交整体方案计划。

——2 月 28 日前，研讨通过方案计划。

——3 月 1 日，开始执行并接受考核。

3. 后台工作（吴文勇负责）

· 软件开发

——3 月 31 日前完成远程广告发布管理系统。

——4 月 10 日前为试行阶段并各公司反馈意见建议汇总。

——4 月 25 日前完成全面调整调试。

——4 月 30 日前正式全面启用。

· 发布管理

——2 月底之前，核定各地后台岗位编制，必要人员补充到位。

——2 月底之前，客户关系管理中心对后台管理全面检查、督导纠偏。

——3 月 1 日开始，分支机构中心安排不定期飞行检查抽查各地发布情况。

——2 月份内，后台支持管理中心确定有效的后台工作奖惩考核制度。

——3 月 1 日后台工作奖惩考核制度开始执行。

4. 网络支持及其他专项项目支持（费礼文负责）

·网站“互动传媒专区”中优质网点的网站展示，基本完型和充实

——2 月底之前，上传上海杭州各 N 家、深圳北京各 N 家网点信息。

——3 月 15 日之前，网点的网上展示功能全面成熟、完全运行。

——4 月底之前，上传上海杭州各 N 家、深圳北京各 N 家网点信息。

·手机网站项目的筹建

——2 月底之前，必须完成杭州 N 家手机网站建设，开通手机感应功能。

——3 月底之前，必须完成杭州 N 家手机网站的建设。

——4 月底之前，必须完成杭州 N 家手机网站的建设，成为有效网络。

·时尚导购地图项目的筹备

——地图方式以北京朝阳区为试点，3 月底完成第一期（宋洋负责）。

——折扣手册方式以杭州为试点，3 月 15 日完成第一期（李冰负责）。

二、杭州分公司作战指令

1. 网点建设与后台管理工作

· 网点加盟工作

——2 月 29 日前，所有不能正常发布的网点撤机完成。

——3 月 10 日前，20 天期限，杭州发展到 N 家有效发布的优质商家网点。

· 网点发布

——2 月 29 日前，通过增加电脑和人手，实现人工即时换片的工作要求。

（提供 4 台电脑，动员 4—6 名网点加盟人员充任后台烤片工作。）

——3 月 10 日前，确保 N 家网点稳定发布，巡检工作符合广告经营需求。

2. 经营工作（广告收入及网点收入）

· 发动公司人力潜能，重组扩充广告团队

——宁来所部继续按其部署工作，为广告经营第一分队。

——张舸及原增值部为广告经营第二分队，陈怡洁带队。

——公司临时抽调张瑛、鲍纬、费礼文、李冰、徐欢欢，组建第三分队。

——周晓直管杭州广告经营业务。

·制定杭州公司广告经营及网点收入的业绩目标

——3 月份毛利润 N 万元。

——4 月份毛利润 N 万元。

·设立杭州经营奖励制度

——每月完成基本经营目标，发 N 万元合格奖。

—— 设立临时奖励政策，完成指标即以利润 25% 为团队奖励。

——每超过指标 50%，奖励比例提 5%。

—— 效益挂钩惩罚，未完成业绩指标，每不足业绩指标 10% 扣除月工资 5%。

3. 广告经营执行计划

·宁来部

——延续该部原有计划。

—— 第一步：精确分析原有积累客户，整理出 N 个有意向的客户，并在销售资料完备后进行一次全面的客户拜访沟通。

—— 第二步：全面拜访后锁定 N 家希望较大的客户，每个项目实行专案研究，一案一议，并相机策划有力的促销措施推进项目。

第三步，其他成员扩大客户接触面，创造新商机。由宁来等 8 人对此 N 家意向客户深入跟踪洽谈，目标成交 N 家客户，实现毛利润 N 万元 / 月。

·陈怡洁部

——自行安排，以增值服务项目为主攻方向。

——执行该部原有营销计划，目标成交 N 家客户，实现毛利润 N 万元 / 月。

· 张瑛机动部队开辟新战场

——第一招：开发梳理 N 个关系客户，通过关系营销实现毛利润 N 万元 / 月。

——第二招：全面接管原分配张舸、陈怡洁、宁来联络的广告公司资源，采用多种方式建立分销代理渠道，3 月 15 日前发展 N 家左右广告代理商，N 个有一定社会资源的超级业务员，争取通过该方式，每月成交 N 家，实现毛利润 N 万元 / 月。

——第三招：充分发挥共合网的品牌号召力和多家核心加盟商户的社会影响力，有的放矢地进行活动营销：主推定向传单、手机群发两个优势服务产品，带动流媒广告新形式；主攻房产、汽车、美容健身、活动节会四大广告客源，发挥通告性广告的竞争优势；主打媒体组合套餐、新媒体客户置换联销两大销售策略。争取通过精英销售员重点冲锋强销，每月成交 N 家，实现毛利润 N 万元 / 月。

· 三部协作建立纵深战线

——建立对外的广告业务招商部，开通专门的广告招商热线，由徐欢欢统一接待，面对不同风格的项目和客户，三个分队根据特长分拣跟进。此种方式目标每月成交 N 家，实现毛利润 N 万元 / 月。

——3 月 1 日起，张瑛牵头，周晓宣讲，每周举办 10 人左右的周末广告交流茶话会，小规模邀请数个商家、广告主、广告公司负责人见面交流，实施深度的会议营销。目标每月成交 N 家，实现毛利润 N 万元 / 月。

三、深圳分公司作战指令

1. 网点发展指标

•2 月底之前，立足现有 N 个网点开始经营，并积极准备，发展 N 个新点。

•3 月底之前，装机 N 个新点，建成 N 个网点规模。

（•4 月，在现有经营状况理想的前提下，将考虑进而发展到 N 个网点。）

2. 业绩指标

•3 月份，实现毛利润 N 万元 / 月。

•4 月份，实现毛利润 N 万元 / 月。

四、北京分公司作战指令

1. 网点发展指标

•2 月底之前，立足现有 N 个网点开始经营，并积极准备，发展 N 个新点。

•3 月底之前，装机 N 个新点，建成 N 个网点规模。

（ •4 月底，在现有规模经营理想的前提下，将考虑发展到 N 个网点。）

2. 业绩指标

•3 月份，实现毛利润 N 万元 / 月。

•4 月份，实现毛利润 N 万元 / 月。

五、上海分公司作战指令

1. 网点发展指标

•2 月底之前，立足现有 N 个网点开始经营。

•3 月底之前积极准备，开放发展 N 余个新点，建成 N 个有效网点的规模。

•3 月 15 日之前，淘汰网点中撤机 N 个网点，撤机调回总部另行安排。

（ •4 月底，在现有规模经营理想的前提下，将考虑发展到 N 个网点。）

2. 业绩指标

•3 月份，实现毛利润 N 万元 / 月。

•4 月份，实现毛利润 N 万元 / 月。

【旁白】

在此展示一份完全真实的公司工作计划文件，该文件即前文《周晓的熬夜临床症候报告》中提到的在“全国广告经营会议”上发出的公文。这是共合网针对

2008年2月18日至4月30日进行的72天业务突击的工作部署文件。

在我的博客自选集中加入这样一篇“作品”，是我刻意为之的。谨以一篇工作计划，见证一个公司奋斗的痕迹。当时真的辛苦，我们都很努力。

2010年3月21日（星期天）下午2：39，偶尔打开QQ邮箱，发现一封由"grace"发出的无聊的群发信，却带起很多熟悉的名字，我甚至不知道，这个给我发信的"grace"是谁，可是我还是记得大串的名字和大把的往日。那天群发了一段回复：

“时间已经尘封，我很意外，这个群的所有人都还在。你们都还好吗？你们在哪里呀？如今我QQ不大用了，博客不想写了，面对一众老兵，还多欲说还休，在这里向四年前的群体问候一声，为523个曾一起幻想的战友，为那些曾一起走过的日子，补说一句：非常感谢！”

2007-12-03 14：34：01 | By：周晓 | From：共合网员工手册/周晓的博客

云横九派浮黄鹤

——共合网业务攻略

一、业务员七个沟通要点

任何时候重视客户。

倾听客户的需求和意图。

鼓励客户提出要求，说出他们需要的东西。

使你的合作思路顺利调整，呈现出客户想要的样子。

在客户需要的时候，将合适的合作方案交给客户。

能够给客户期望之外的东西。

诚恳地感谢每一位客户。

有一次成功，就应该要求自己再做一次。

共合攻略一：

每一个客户就是一张随时增加数额的存折，你想得到吗？你在乎丢掉吗？

二、为什么客户要和我们做生意？

在你准备好回答“为什么这位客户要和本公司、和我做生意”这个问题之前，绝对不要打电话给客户推销共合网的任何东西。这个问题的答案应该对客户有利，必须符合他们的需要，而不是为了满足自己的进度。客户愿意和你做生意，是因为你可以让他有很好的感觉，或你可以解决他的问题，或是两者兼而有之。总之，必须给客户带来个人利益或商业利益，而这两者通常都是唇齿相依的。记住，好的客户要求很多。他们也许希望能从你这里得到更多的东西，甚至超出你认为合理的范围。也许你所要求的东西和预期的服务态度，对客户来说还不够，但至少你可以由此开始。

争取和维持客户的第一戒律就是视客户如自己。你应该总是设身处地以客户的身份想一想“如果我是客户，我会怎么做”，并且回答“如果我就是客户，这个产品对我有何好处”的问题，你的答案就是你该努力达到的目标。那么，你就不会乱打电话，让客户莫名其妙直至生厌！不要让共合网和你都大掉价。

告诉你一个秘密，所有客户选择生意对象的理由：一是价格、二是服务，就这么简单。

共合攻略二：

价格上，共合网创造了令人动心的绝对优势。服务上，我们一起用心搞定！

三、客户是谁你是谁？

现实世界中，客户才不管你是否有房屋贷款要还，不管你是否需要他们的生意以赢得业绩竞赛，也不管你的服务为何延迟呢。客户根本不关心你喜好什么，客户唯一关心的东西是他们自己及他们的问题。你之所以站在客户的面前，只是因为他认为，你多多少少对他有用。

你是争取了一个难得的机会，受邀才来到客户面前的，你必须把注意力集中在他的身上，专心倾听他的话语，不要谈你自己；反之，你要事先准备提问，并且能提出刺探性的问题。你要注意倾听客户在说什么，把问题搞清楚，摘要记下来，再来决定你能如何帮助客户，以及你的产品能如何满足客户的需求。

共合攻略三：

你必须记住：总是说“你”，尽少说“我”。

你同时记住：你认真，你就是最好的。

四、商业拜访前先备妥计划

一项会议面前的计划应包括：

——商业会谈的目的；

——应该分析的问题；

——要展示的东西；

——预期客户关切及厌恶的东西；

——与竞争对手的不同之处；

——对客户有价值的收益；

——处理异议及减少客户担心的策略；

——将会谈收尾的技巧。

在争取一笔生意时，能面见决策者是非常重要的一环，而争取和决策者见面可是一件难事。因此，在见面前必须事先仔细地计划好。一次拜访——客户将决定是否下了订单给你。商业拜访是否成功，约有九成在推销员见到客户前就已决定了。对于一位高手而言，花 3 个小时来为一次 15 分钟的商业拜访作准备是很平常的事；为了一次商业拜访，花两天甚至两周的时间来准备，也并不罕见。如果忽略了商业拜访前的计划，生意机会可能也会永远丧失。

而且，计划要有弹性。如果你苦心准备的长达两小时的说明会开始两分钟后，客户就一口承诺要和你做生意，这时就要马上中止说明会把生意承接下来，然后再满怀感激地离去。如果客户愿意和你做生意，但方式和你原来所想象的完全不同，就该马上顺势调整。如果一味坚持要照原定的计划进行，可能反而会把生意弄砸了。在拜访决策者前，准备好一份书面的事前计划，至少，把你要讲的最主要的意思书面写一遍。

共合攻略四：

记住：一次洽谈成功与否，在于一两句关键的话时候说得到位！

记住：全力以赴地谈一次，比漫不经心的十次纠缠拉客户有效十倍！

记住：现代社会里发展客户，只有一次机会！一发必中！

五、业务必胜绝技之一：会打电话，不靠打电话

在每一笔生意中都有四个重要的环节：定约会、讲观念、谈条件、签协议，其中第一个坎就是与决策者的会面。在你与决策者好好坐下来谈谈以前，你是无法拿到生意的。靠电话行销的推销员常会在安排电话会议前，先打电话沟通。而优秀的业务员都知道，再没有什么可以比得上面对面的沟通了。

打两个电话，有一个拒绝见面，正常，不怕；

打五个电话，有三个拒绝见面，方式不对，找找原因；

打十个电话，有七个拒绝见面，要面壁反省，一定有问题；

打十个电话，有九个拒绝见面，别打电话了，你不适合。

共合攻略五：

记住：三次电话约不着人就没戏了，乱打电话，浪费时间和电话费。

记住：有本事定下约会，才是好汉，才有开始。

六、业务必胜绝技之二：让客户拿主意

客户有时会忽视事实，或在决策过程中缺席，结果造成交易失败。客户必须要参与，并且最后要协同一致。

在你豁达地完全同意他一切可以自行决定后，客户自然就取消了“不能决定”的选择。客户至此就开始参与了，并且不会忽略这一事实。不管怎样，客户将会作出决定。如果这笔交易对他有利（必须是有利的），他就会跳进来。

谈广告服务的生意，道理很简单。价格让他动心、

服务让他动心、结果让他动心。

共合攻略六：

让客户比较、让客户决定。

七、把客户的异议变为共同目标

在客户决定要达成交易前，他们总会有一些疑虑或事项需要得到满足。客户关心价格、负担能力、交货问题、可信度、规格、颜色、售后保证、方便程度等等各式各样的问题。不管这些“关心的事情”是什么，对业务员来说，都是交易成功前的“异议”。

优秀的业务员欢迎客户表达异议，因为他们知道这只是客户表达自己期望的方式。当客户说“你的价钱太高”时，优秀的业务员知道客户是要使投资下去的每一分钱都有价值。这一异议无异于告诉业务员：促使客户作出购买决定的有利信息还不够。

优秀的业务员总是将客户的异议转化成双方共同努力的目标。优秀的业务员会以提问的方式，重复客户的异议，并将其变成努力的目标。

优秀的业务员相信，异议只是客户要求协助及得到信息的一种途径。优秀的业务员鼓励异议，尤其是隐而未宣的意见。优秀的业务员知道，不管有多琐碎，在所有的异议及关切的事情都获得满意的解决前是不可能达成交易的。

共合攻略七：

优秀的业务员总是探索反对的意见，他们无惧异议。

八、把现在的工作变成下一件工作的起点

优秀的业务员知道达成下一笔交易最简单的方法莫过于找现有的客户。现有的客户了解我们，对我们的公司或优秀的业务员投注了感情。

在和客户的合作进行到半途时，优秀的业务员提出另外可以协助客户的方法，可称为“进行中的工作即下一工作”（mid-job,next job）备忘录或建议信。提出“进行中的工作即下一工作”备忘录是优秀的业务员的守则之一。

你的客户并不知道你所能提供的所有服务，只有你自己才清楚。而且，在你现在工作的过程中，你应该知道如何在其他方面帮助你的客户。在你处于一件工作完成的过程中，就应该着手推荐下一件工作了。优秀的业务员总是会有一份“进行中的工作即下一工作开始”的行动方案。

记住：我们的业务性质决定单个客户单个业务量都不会大得惊人，但是我们这一行是最能够积累的。

关系网不停增长、客户带客户，每个业务员可以做成一个公司！

共合攻略八：

最难找的仅仅是“第一个”客户，你能争取一个客户，就能争取100个客户！

九、将每一个人都视为潜在客户

优秀的业务员视全世界的每个人为自己的市场。他们知道世界很小，每个人都会认识其他的人，而每个人都可能变成一位客户，或推荐一位客户，或建议一位客户购买，或破坏看来稳固的关系。

对某人和善不一定能替你争取到一个客户，但如果对某人不好，就可能会伤到你自己。优秀的业务员交朋友，不树敌。

共合攻略九：

别忘记：世界上每个人都有关系。

十、注意最明显的成交信号

从第一次商业拜访到最后下订单，业务员对客户展示每一个步骤，一次同意导向下一次同意的过程是一种令人信服的技巧。只有优秀的业务员会善用这一技巧。

大部分的业务员不是不知道所有的步骤、不了解其中的环节，就是无法进行策略性的规划，或是不敢打出自己手里的牌。卖出了第一个链节，你就能将整条铁链卖出。让客户同意见你，就是第一个目标。

最明显的成交信号是客户同意和你见面、客户同意你的看法以及客户安排和你会面。总之，商业会谈时绝对要充分准备，尽量展现，不要搞砸了商业会谈的机会。还有，决不要迟到。也不要勉强削尖脑袋硬求见面。

最明显的不成功信号，当然是客户拒绝和你见面，当然，客户一般是彬彬有礼地说："谢谢，我们暂时不考虑。"

共合攻略十：

有机会见面，不仅仅是开始，实际上就已经是成功的99%！

十一、业务必胜绝技之三：不怕比较

对你的公司和别的同类公司有何不同，也应该能想出对策来。你的回答完全可以这样：是的，它是一家不错的公司。但你愿意知道我们的公司和它的差别吗？你的回答不需要打击竞争对手，因为你这样做的话等于侮辱客户的智慧。事实上，你甚至没必要重复竞争对手的名字。他想要知道你的公司和别的公司有何差别，然后，他会决定和你做生意。你所提出来的相异点，将成为客户对你的公司和竞争对手的长久印象。这样，你就取得了阐释的优势。

共合网与别的同类公司最大相异点：共合网没有类似对手，不怕竞争与比较。有比较和竞争，才有进步；世上不可能有绝对的权威。但是共合网非常善于学习，更是向极品水平模仿的天才，与共合网合作，时间越长越醇浓地道。

共合攻略十一：

我们经得起比较，我们的优势是最“笨”的：我们靠自己吃亏创造优势：价格上我们少赚一点，服务上我们多做一点！

十二、每天尽可能地回电

回复电话是基本的礼貌，但并非每个人都会遵守。优秀的业务员每天都会回复所有的电话。优秀的业务员对每一个人来说，都不会显得狂妄、难以接近和没有时间。

及时回电也是优秀的业务员与众不同处之一。回电话没有任何借口。现在有语音信箱、电子邮件、汽车电话、飞机电话。如果你实在无法联络上打电话给你的人，在对方的语音信箱里留一个信息也是一种可接受的方式。

在上班前、下班后以及周末，在语音信箱里留下信息。这表示他随时都挂念着事业，随时都在为客户工作。这也让优秀的业务员有额外的时间为未来的双向沟通作准备。语音信箱会记录下打电话的时间和日期，因此，早上 6 点 15 分及晚上 11 点 10 分打的电话都将让人记忆深刻——你的客户会记得的。

现在，你需要想一想，在你人生的这个阶段，你的目标是什么？如果是工作、成功、赚钱或挑战自我，那么，豁出去吧，做个工作狂。把自己卖给魔鬼！

共合攻略十二：

很多人不想做工作狂，但没人真正反感工作狂；

很多工作狂也不成功，但工作狂肯定比别人更容易成功！

十三、了解交易成功的算式

业务员的成绩是一段需计算时间的旅程。业务员的目的地通常是一个分配的定额数量、一个日标、一笔数额必须达到的利润。而这一旅程的时间段通常是一个会计年度、一段必须将所获利润入账的时限（例如，必须赶上下个月的发薪日）。

将所有的业务可能性排出优先顺序，或者由业务员自行规定。95% 的业务员会放任自己，拜访过多的客户，但拜访每一客户的次数却不足以达成交易。事实上，他们最后把时间用完，却仍到不了目的地。如果一笔交易必须要花 10 次商业拜访才能成功，不要只去 8 次。如果要 10 次才奏效，与其计划少于 10 次的拜访次数，还不如干脆 1 次都不要去。你必须尽量增大你的拜访成功率。

记住，成功是看你创造的利润，而不是捧着电话打个不停，提着皮包四处乱撞。共合网的世界很务实，谁来看你的忙碌样子！

你的有效拜访数目就是你的关键、你能出售的资本。

共合攻略十三：

“业精于勤”的意思是指：“精”永远比“勤”重要！

十四 、细节很关键

对你能检查的事情决不要以假设应付，对一切细节都要注意。把袖子卷起来，准备把你的手弄脏。如果一项方案非常重要，那么每一个细节都很重要。在进行商业拜访前，务必在事前做好准备。

共合攻略十四：

在要面对的客户前，优秀的业务员总是对一切细节检查三次。

十五、 耳朵重于嘴

提出有趣的问题，认真地倾听，别做白日梦。不要在客户说一些你已经听了千百遍的事情时神游外物；在客户没全部说完以前，不要开始发言；不要想着你接下来要讲什么，抓紧时间做笔记。你的工作是听客户在说什么，你必须正确地听到他们说了些什么、没说什么。你必须注意到所有语言和非语言的信号，找出客户客观上需要、主观上想要以及不要的东西。你必须清楚什么时候和怎样协助客户。

有个小诀窍：备个本子，不管你是否真的想记什么，开始谈话时就翻开、记录、不停地点头，客户会非常赞赏。

共合攻略十五：

优秀的业务员心中最重要的三个字是：听、听、听，并且要最敏感地去听。

在你身价过亿之前，永远不抢话头。

十六 、 问到点子上

业务员想要成功的话，首先就必须了解客户需求的本质及核心。业务员必须找到问题，必须了解客户的关注点、需求、忌讳以及限制。必须协助客户进入到“事情的核心”。应该不断地去探究、提出问题，尤其是“为什么”、“为什么”、“为什么”以及“为什么”的问题。

共合攻略十六：

坚定一个信念：总有你爱听爱说的话，总有你想做的事。不信和你说不来！

坚守一个原则：问题还要问得有用！

十七、不想知道答案，就不要乱提问题

如果你对他刚出世的婴儿的牙牙学语根本没有兴趣，就不要去谈；不要在一些无助于进展的无关事情上浪费你和客户宝贵的时间。

优秀的业务员不会在没有意义的闲谈或取悦对方的话语上浪费商业会谈的时间。优秀的业务员友善、投入、专业、风趣、好奇，而且总是很诚恳。

故意问个问题来巴结客户是不够诚恳的一种形式，

而客户一般都很了然于心。相对于虚伪问候，客户对聪明的、适当的、直指问题核心的问题会更感兴趣。

共合攻略十七：

记住：你没资格和客户拉家常，这事应该是你老总在饭桌上做的。

记住：一个好业务员，不应该让人觉得很世故，应该让人觉得很简单。

十八、没有在开会

当一名客户打电话给你时，他可不想听你说正在开会。客户根本不在乎你在和谁开会——只有一个例外：你在和另外一个客户开会，这倒不要紧。除了决不要以“在开会”为理由外，所有的客户都觉得你企业内部开会不算工作，可以停下来。我们不应该是“在开会”，而应在一处工作的场合、在拜访一位客户、在拍照、在一场座谈会上发言，哪怕是在做研究。

你也决不要说“生病了”，你应该说“在外地出差呢”。这种说法对客户和“正在与另外一个客户会面”一样有效。你决不要说“提前下班了”，你应该说“不在办公室里”或者说“见其他的客户呢”。你也决不要说“太早还没到办公室”，而说你在和一位客户共进工作早餐。

共合攻略十八：

如果一位业务员暂时无法和客户谈话，客户应当知道他在哪里。

总之，任何时候你就是正在极忙地工作着。

十九 、 不要提个人的艰辛

一旦客户雇你去做某件事情，他们并不想知道你所遭遇的困难，他们根本就不关心。工作做得漂亮、准时、没超出预算、没有抱怨，甚至还多给客户一些预期外的东西，是使客户满意并且能继续得到对方生意的要旨。

共合攻略十九：

永不诉苦，让客户自己感觉你的艰辛。

笑着说确实累，但是不怕累。

二十 、业务必胜绝技之四：施与取交换提条件

当一名客户要求试合作时，优秀的业务员会如此回应：“我们很乐意与你试合作，如果满意，还会有任何其他事情阻止我们合作吗？”

在准备试合作前，必先取得客户试样成功就交易的承诺。

不仅如此——

——如果你给出一些东西，你应该计划从顾客那儿取回一些东西。

——如果你赠送一份样品，就要得到顾客同意尝试的承诺。

——如果你召开一次产品展示会，就要得到顾客的承诺，若展示结果感觉有效就要采纳。

——如果你赠送一份说明书，就要得到一次会面机会。

——如果你赠送一杯免费饮料，就要得到下次共进晚餐的机会。

——如果你给出一项恩惠，就要得到知恩图报的允诺。

——如果你给出一项解决方案，就要得到偿付。

共合攻略二十：

既然是做生意，就按做生意的规矩办事，既然是从商，俗就俗点吧。

反正我只是业务员，大气这件事，也让老总去发挥。

二十一、周五下午的销售

任何去造访决策者的时刻都是好时刻。销售的绝佳时机是在某天早上的9点整等着以及周五下午3点半后。一大清早的商业拜访有两大好处：

1. 最少或有限的打扰；

2. 客户如果同意在一个不寻常的时间会面，通常就是成交有望的重要信号。

周五下午也是拜访客户的绝佳时间，这里有几项非这样做不可的理由：客户通常比较放松、比较好商量、比较空闲、比较不具戒备心。

如果客户同意在周五下午见你——尤其是他即将出发去度假的时候，这是一次成功几率很高的商业会面。

共合攻略二十一：

客户只在乎他收钱的生意，我们的业务是要客户付钱的，不是客户的生意。

二十二、在商业会谈结束后再说闲话

如果你只有10秒钟来达到销售目的，你就不会以评论放在角落的某件东西来开腔。所以，如果你仅有20分钟来达到销售目的，你就不要乱发表意见。等到客户送你到电梯口，并且允诺要和你做生意时，你就可以聊聊孩子、足球或是出差的话题了。

初次见面，东拉西扯有关“亲和”的话题很虚伪、很油滑、很可笑、很传销，那是书上写来蒙人的会谈方式，以此开场白，你会死定的。

共合攻略二十二：

正确会谈方式：有啥说啥，一本正经；谈完告辞，干净利落。

二十三、每天都用点数系统进行规划

每一项商业销售活动都有四个步骤：

1. 获得决策者认同的一次引荐、推荐或毛遂自荐；
2. 获得与决策者一个见面的机会；
3. 有目的、面对面地与决策者进行一次会谈；
4. 获得完成交易的允诺，或直接的签约成交。

给步骤 1 分配一个点、步骤 2 分配三个点、步骤 3 分配五个点以及步骤 4 分配十个点。不管你如何组合，每天都要想办法得到六个点：四次引荐、一次约会机会加一次面对面的会谈，或一次成交等。如果可能，每天想办法得到更多的点数。

每天在你日程安排表的顶端上写下：“得到六个点！”

需要特别提出的是要每天都使用点数系统，而不是拖到周五才开始想办法要在一天内得到二十个点。如果你每天都能得到六个点的话，你的期望就永远不会有无的放矢的时候。

共合攻略二十三：

认真履行点数系统十五个工作日，然后再决定是否要将它变成你开展业务中的监军。我们的业务是要天天积累的。

二十四 、不知道怎么踢，就往球门方向踢

优秀的业务员深知：如果他不试着这次把东西卖出去，他就可能永远也卖不出去。机会如同足球赛，一接到球，就要有信心把它往球门里射。

共合攻略二十四：

直来直去固然很傻，但是比花招缭绕10分钟绕不到主题要有效得多！

二十五、不要冷拜访

所谓“冷拜访”（cold call），指的是业务员未经事先约好就去拜访客户。今天，冷拜访通常是电话行销人员用来开发客户的手段。冷拜访不但是一种侵扰，更可以说是一种没有礼貌的表现。一次冷拜访就是一次赌博。冷拜访是没有计划的产物，表明业务员不能够获得正式的引荐，或是得到正式的约见。

客户会想：一定是没有熟客资源，才逼急了乱抓乱搭。一定要用点数系统来取代冷拜访。

共合攻略二十五：

尊重接触客户的机会，要做神枪手，不做机枪手。

二十六、谦谦君子，人淡如菊

在任何时间、与任何人在一起，都要有礼貌。修养决定印象，印象决定生意。

共合攻略二十六：

客户歧视你，不会因为你是业务员；客户尊重你，肯定因为你气质好。

二十七、业务必胜绝技之五：感染客户

你不希望客户看到你薄弱的一面。绝对不要显出心虚的一面，永远充满信心，对包括突发情况在内的任何可能的意外做好准备。保持冷静。

优秀的业务员出现时，总是西装革履，成竹在胸。永远不向客户叫苦，永远不说这年头业务难做；如果是客户在说这年头业务难做，记住，他的实际意义只是在暗示是他照应了你。针对这年头业务难做的话题，你回

答的标准答案是：因为我喜欢这行，感到快乐，并不觉得苦；因为我与客户相处不错，所以相对要好点。你有自信，才能感染客户，你能说服自己，方能说服客户。

你不能“试着”去做一些事，做就是做，不做就是不做。你的权威靠自己建立。

共合攻略二十七：

顽石可以点头，谁都可能说服。

不靠口才靠自信。

二十八、这是我的名片

不要忘记使用你的名片。工作的名片不要花哨。优秀的业务员非常知道名片为何也被称为商业卡片（business cards）的缘故。

共合攻略二十八：

让客户记住我是谁。

二十九、业务必胜绝技之六：最佳结束语

“还有什么我没问的？”是最自信、最关心客户、最专业的问题，而合格的客户也会很想回答这个出色的、刨根究底的问题。

要善于提出别人想要回答的问题。

共合攻略二十九：

让客户留下深刻印象。

三十、成功前的十件必做之事

——送出一份手写的备忘录。

——剪下并寄出一篇对客户有用的文章。

——和一位表示满意的客户谈话，并且询问自己还可以帮谁的忙。

——送一份表达谢意的礼物给向顾客推荐你的人。

——把你的名片呈给有影响力的人。

——给客户会阅读的杂志的主编寄封信。

——在你的通讯录上每月增加30个人。

——在语音信箱里每周为谁留下一段具说服力的留言。

——事先预约再见面。

——给一位长期没有联系的客户打电话。

共合攻略三十：

优秀的业务员每天都做一些事情，来帮助公司获得新的业务进展。

“好好学习，天天向上”语浅意深。

三十一、要做就做最好

一位伟大的业务员最突出的性格特征是什么？

当业务到手后，谁工作最卖力、谁写了许多精彩的备忘录、谁把月报写得尽善尽美等，都已无关紧要。不管对话有多精彩、风格有多顺畅，唯一能算数的是赚到了多少钱。

共合攻略三十一：

老板都是势利眼。江湖成败论英雄。

三十二、要做就做最好

行动决定一切。

共合攻略三十二：

该出手时就出手。

【旁白】

本篇文章写于2006年11月，2007年12月放上博客，当时原有补白一段：

“目前我的博客文章正好是职业题材和私人题材各一半，偏生看客的反应是大多觉得我写私人的题材不错。这反而让我落笔犹豫。我本非职业商人，写职业博客不是内行，也不太称手。在共合网的官方博客上，当然不宜写太多私人题材文字。仔细思量，还是放弃个人婉约，只现工作豪放。只是如此一来，写博客的冲动少了很多。以后空了或换了身份或换个地方开博，我再做自由人吧。”

“整个11月没有一点博客文字，自己也觉得实在看不过去。翻出一份去年11月份写的东西，放在博客上填充一下。当然，我更不是职业业务员，我所总结的业务员攻略，除了第一条很正面，大多是各种管理书籍中常识性的老生常谈，也杂了一些是我实战中的感悟，很多地方可能不符合正宗教条，只是我自己觉得是很有效的心得，有用就好。”

曦攀飞翼通身暖
——共合网博客漂流瓶方案书

活动说明：

博客在中国风云五周年，开启互联网全新时代。为纪念五年来博客在中国的发展历程，企博网、致中和、共合网联袂中国各大博客网站倾情上演年度博客吉尼斯纪录大型活动——百万博客致中和漂流瓶心愿之旅全面启动。30 万奖品拿到你手软！（http：//wish.zzh1763.com/wishmodule/brief.jsp）

用户先在许愿平台许愿，心愿可以是爱情、友情、学业、健康、财富、家庭、仕途等各方面的愿望，也可以是围绕中秋、国庆、新年、圣诞、重阳、情人节等各类主题的愿望，每个许愿人都会有自己的许愿墙，许完愿后在本人的许愿墙上接受其他亲朋好友对自己心愿的祝福，最后根据祝福数量的多少评出相应奖项。

心愿将于11月11日通过东海和商海（在全国各大商场的致中和五加皮产品中）开漂。东海开漂即将所有的心愿放进一个超大的瓶子中在东海开漂；商海开漂，活动结束将接受祝福最多的前1000个心愿制作成心愿卡，每张心愿卡各印刷1万张，然后装入致中和五加皮产品中在各大商场漂流。活动将在各个阶段陆续开出相应奖项，年终还将产生超级大奖。

活动时间：

2007年9月15日起至2007年12月底。

活动流程：

1. 许愿：在许愿平台许下心愿；马上许愿。

2. 收祝福：让你的亲朋好友为你的心愿送祝福。

3. 评奖：每周评出TOP10、幸运之星、祝福之星等各类奖项。

4. 心愿开漂：主办方将所有心愿放进超大漂流瓶在东海开漂；同时将接受祝福最多的前1000个心愿制作成心愿卡，每张心愿卡各印刷1万张，然后装入致中和五加皮产品中在各大商场漂流。

活动规则：

1. 许愿：本次活动每个许愿人只能许一个心愿。

2. 送祝福：同一个 IP 送祝福人数最多为 5 人，且每人每天只能为同一个心愿发送 1 条祝福。

3. 排名：按送祝福的人数计算，一人可为同一条心愿发送多条祝福，但统计排名时只按一条计算。

活动声明：

1. 心愿内容必须健康、积极、向上，不得含有歧视性及与国家法律相抵触的内容，否则主办方将有权删除该心愿并不须通知许愿者本人。

2. 祝福内容必须温馨、友好、积极、向上，不得恶意诽谤、诋毁他人或采取人身攻击等，不得含有歧视性及与国家法律相抵触的内容，否则主办方将有权删除该祝福并不另行通知发祝福者本人。

3. 禁止任何人、任何组织通过本次活动推广违背国家法律、政策、社会道德等方面的内容，否则主办方保留追究法律责任的权利。

4. 获奖者将在活动的网站上公布。截止公布前，未有疑义的，主办方视该获奖者同意公布其姓名以及其博客网页的链接。

5. 许愿和发送祝福最好用实名，以便兑奖。

6. 主办方届时将接受祝福最多的前 1000 个心愿制作成心愿卡，每张心愿卡各印制 1 万张开漂，如当中有不愿意心愿卡被印刷的请联系主办方。

7. 本次活动的解释权归主办方所有。

奖项设置及评选规则：

1. 每周心愿之星奖

当周接受祝福最多的前 10 名许愿者分别获得价值 100 元的礼品。

2. 祝福之星奖

活动结束接受祝福最多的许愿者获得价值 1 万元的奖品及价值 2000 元的致中和秘制礼盒酒。

3. 幸运之星奖

接受 20 人以上祝福的许愿者入围参与抽奖，其中抽出：皇冠大奖（2 名），各获价值 5000 元的奖品及价值 2000 元的致中和秘制礼盒酒；钻石大奖（5 名），各获价值 3000 元的奖品及价值 1000 元的致中和秘制礼盒酒；翡翠大奖（10 名），各获价值 2000 元的奖品及价值 800 元的致中和秘制礼盒酒；明珠奖（20 名），各获价值 1000 元的致中和秘制礼盒酒；红宝石奖（50 名），各获价值 800 元的致中和秘制礼盒酒。

4. 荣誉之星奖

活动结束接受祝福最多的前 1000 名许愿者，将为其印制1万份心愿卡在东海和商海（在全国各大商场的致中和五加皮产品中）漂流。

奖项公布：

1. 每周之星奖于次周周二公布。
2. 祝福之星奖于2007年底公布。
3. 幸运之星奖于2007年底公布。
4. 荣誉之星奖于2007年底公布。

获奖通知：

根据注册时填写的e-mail通知，请留意您的邮箱。

【旁白】

2007年秋，共合网联合致中和五加皮和各大博客网进行互动，举办了为期3个月的博客漂流瓶活动。本文即是该活动的策划案。

红雨随心翻作浪
——共合网电子商务计划新闻通稿

2008-11-14 02：28：12 | By：周晓 | From：【和讯IT】和讯新闻

2008年10月27日，星期一，没有隆重的新闻发布，没有华丽的仪式，共合网通过一次公司内部电话会议，宣布第三阶段电子商务网站计划正式启动，标志着共合网“网”字号的部队正式出发。是日，距离共合网公司注册成立的2006年1月30日正好整整1000天。

“其实共合网成立伊始，电子商务网站就在秘密建设中。网站经营是共合网的终极目标，我们一直期待一个合适的时机亮剑。”共合网CEO周晓解析，“共合网的核心是网站，这是一个商家建立联盟、资源置换和合作联营的电子商务基础平台；而线下的共合互动传媒，则是共合网推崇的商家联盟商业模式的样板阵地。线上提供平台做服务商、线下圈地自营做样板区，共合网一直是采用线上线下呼应、虚拟现实联动的战略，是双轨运营的商业模型。”

2006 年，共合网公司创立。商业模式第一阶段：商家联盟的个案实验阶段。在这一阶段，共合网致力于商家个体之间的直接资源置换、对等的异业联盟和个性化的联合营销，《大唐风云》民族网游和绿盛牛肉干的 R&V 合作项目就是这个阶段的代表案例。

2007 年，共合互动传媒开辟。商业模式第二阶段：商家联盟的阵地自营阶段。这一阶段，共合网致力于选择优质的商家阵地，通过成熟的联盟组织法则、稳定的传媒形式，革命性地创建了创新的商家联盟阵营。为后期全面的商家联盟做出成功合作样板。

2008 年，共合网电子商务网站开通，商业模式第三阶段：商家联盟的电子商务阶段。以共合网网站为核心，实现超地域的多元资源置换联盟，形成互联网络、无线网络和现实商家资源置换阵地传媒网络的三网共合，共合网号召天下商家加入非竞争性战略联盟，建成都市商圈联盟大平台。

自共合网成立以来，网站运营团队是一直早在幕后默默地支持着公司的业务发展。从刚开始的资源大本营，到中期的共合官网、互动传媒和资源置换三足鼎立的改版。三年后的今天，随着第三阶段电子商务网站计划正式启动，是时候轮到这支团队上前线与兄弟部队一争王牌了。

三年磨一剑，共合网电子商务网站金身初显。

2008-11-10 23:45:00 | By:周晓 | From:【共合网】共合之声

帝子乘风下翠微
——共合网告商家联盟书

2008年，全球经济突遇寒流，市场经济风云变幻，市面日趋凋零。冬天即将来临，众商在这季风雨飘摇中该如何过冬？而作为都市商业圈第一联盟的共合网，在这个特殊的阶段推出“商家联盟计划”，愿意为中小商家联合起来抱团过冬做个牵线人，变危机为商机。共合网将以R&V理念为基础，引导各位商家通过网络形式达成商家资源置换功能，从而将各城市、各商圈、各类型的商家汇成一个非竞争性战略联盟，将每一个客户资源利用到极致，这就是我们在这个冬季，想要为各商家奉上的一道暖身大餐。

如果您有兴趣了解，如果您有兴趣参与，那么请您于百忙之中抽出时间，认真、切实地完成一份小问卷，问卷上的10个问题是为了让我们了解到您在实际经营中的情况，急待解决的问题是什么？最需要的帮助是什么？以便更好地改善我们的服务，使得我们的服务与您的需求更贴切；并且帮助和引导您在您的经营场所中找到闲置的资源，因为有很多您认为毫无价值的东西可能是别人眼中的宝贵资源。

“商家联盟计划”可以为商家有效降低成本。利用联盟内资源置换，有效地采用“以物易物”等多种形式，有效降低各项采购成本。对于广告等大额支出，我们将采取化零为整策略，利用“抱团”优势，以绝对低价完成一次性采购，为每一位成员节省宝贵开支。

“商家联盟计划”可以为商家开辟客户量，利用联盟非竞争性异业优势，我们将系统地分析各商家目标客户群，有效地将目标客户高度重叠的商家达成联盟，利用短信群发、机柜互置等先进手段，完成客户资源互换，使商家在极短时间内有效取得多达十余倍的客户量。

“商家联盟计划”可以为商家增加业务额。我们将在商家联盟内，利用迎客、消费、结账等各类与消费者接触的环节，在为消费者带来愉悦体验与实惠便利的同时，为联盟内其他商家的业务开拓平滑衔接，直接在短期内为联盟商家带来大量业务额。

来吧！让我们靠得更近些！来吧！让我们抱得更紧些！在全球经济突遇寒流的背景下，凛冽寒风中共合网会始终如一地站在您的身边，与您一起笑看冬日景致！

【旁白】

本篇文章写于2008年10月，是配合共合网推出的商家联盟计划撰写的一封致商家的公开信。附上此前为《走向共合》司刊撰写的“555”共合商家联盟计划的刊首寄语：

一种创新的理念，几经演变走向清晰成熟，创新的理想化身行动。

一个创新的模式，几经披沥崭露峥嵘，一套严密的计划拉开帷幕。

一年的辛勤耕耘，共合网积累了优质的网点资源；一年的励精图治，共合网凝聚了强悍的精英团队。

在万众瞩目中，我们坚持潜心修炼，在无限遐想中，我们立志面壁破壁。

风雨如晦，岁月如歌，共合网的商家联盟计划渐渐浮出水面。

变单一的广告发布机为多元的信息互动平台，我们是“广告业的阿里巴巴”；变简单的自营承接广告业务为全面地联合广告经营商，我们是“新传媒的国美”；

变平面的媒体产品销售为灵活地出售广告阵地和经营机会，我们是“超媒体渠道供应商”。

而时间会证明，时代会见证，用安德维的创见，开新传媒的先河。我们拈花微笑，我们天下无双，我们就是共合网！

在杭州，共合网将启动“555”共合商家联盟计划。

联合5百个优质商业点，发放5万张共合商盟卡，实现5方面商家大联盟。“555”共合商家联盟计划挟夏日而热舞，这只是我们的开始！

青山着意化为桥
——共合网广告信贷项目介绍

中国广告交易第一信用结算平台

共合网（WWW.RANDV.COM）是广告传媒资源共享整合平台的简称。是一个实现广告交流、广告交换和广告交易的电子商务机构。共合网是由软银（SOFTBANK）、鼎晖（DHC）、集富（JOFCO）三大国际顶级风险投资机构联合投资，在中国杭州成立的外商独资企业。

共合网拥有雄厚的资金实力保证、规范的金融管理能力和丰富的广告业务经验。针对广告行业普遍存在的欠款垫资现象和广告合同履约结算缺乏信用保障的问题，共合网推出“广告信贷”项目。

“广告信贷”既为广告投放方提供信贷资金支持，同时为媒体阵地方的合同履约与收款提供结算保障。正如阿里巴巴网站首创贸易业的“支付宝”第三方支付平台取得了举世瞩目的成就；共合网在和阿里巴巴网站共同的海外风险投资商支持下，以广告信贷作为主营业务，经过长期商业实践和经验积累，正在稳步而高速地成长。共合网已成为国内首创的、领军的和最大的广告业电子商务结算支付平台。广告信贷项目发展成为广告行业的“支付宝”，共合网也被海内外誉为“广告业的阿里巴巴”。

广告信贷实现创新交易平台三大功能

【广告交易共合国】

“共合网广告信贷”项目是一个广告交易的特定公共平台。在广告投放方和媒体阵地方之间开展广告交易中介代理，采用统一签单定期结算方式，成为广告业务中安全支付的交易平台。

【广告客户信用社】

“共合网广告信贷”项目是一个广告信贷的特别服

务中心。为广告投放方提供交易信用额度，并进行广告费代收代付服务，成为广告行业中“类金融信贷服务”的第三方结算中心。

【广告阵地保险单】

“共合网广告信贷”项目是一个广告信用的特设管理机构。联合银行、担保公司，为广告媒体阵地提供广告业务履约付款保证，成为广告交易中“类商业履约保险”的信用监控管理机构。

国际三大顶级风险投资倾力打造

【软银（SOFTBANK）】

软件银行中国风险投资基金是软银在中国，包括中国大陆、香港、澳门和台湾地区的投资机构，隶属于软银国际风险基金，是软银全球战略的重要组成部分。软件银行中国风险投资基金将致力于在中国（包括中国香港、中国澳门和中国台湾）协助优秀的创业者共同创建世界级的高科技企业，UT 斯达康、阿里巴巴、淘宝网和共合网是软银在杭州的四大直接投资重点项目。

【鼎晖（DHC）】

鼎晖投资基金管理公司的前身是中国国际金融有限

公司（CICC）的直接投资部，中金公司是中国最早开展直接投资业务的投资银行，鼎晖投资是蒙牛乳业、李宁服装、南孚电池、分众传媒、双汇食品等企业的风险投资商。

【集富（JOFCO）】

集富亚洲是亚太区风险资本行业中的领先品牌之一。是日本卓越的风险资本管理公司，旗下管理的资金总额超过 25 亿美元，业务遍及全球。集富是全球领先及最早成立的创业投资基金之一。集富亚洲已投资公司达 240 家，其中超过 110 家公司已成功上市或出售。集富亚洲 100% 专注于科技投资项目，包括飞博创、海辉国际等技术主导型企业和玺诚传播、土豆网、佰嘉通等新传媒企业。

资深三大权威合作单位保驾护航

【共合网广告信贷项目的合作银行——杭州银行】

杭州银行是一家资产质量良好、盈利能力较强、综合实力跻身全国城市商业银行前列的具有良好投资价值的股份制商业银行。2009 年，在由《银行家》杂志推出的“中国商业银行竞争力排名”中，成功摘取“2008 年度最佳城市商业银行”殊荣。

杭州银行共有80多家分支机构，在北京、上海、深圳、宁波、舟山都设立了分行。截至2009年6月末，全行资产总额1235亿元、存款余额1105亿元、贷款余额724亿元，不良贷款率0.78%，每股收益达0.51元，拨备覆盖率达180.4%。杭州银行在新发展战略指导下，稳步推进跨区经营，发展成为一家立足浙江、在长三角地区具有竞争优势、在长三角以外的其他城市具有经营特色的区域性银行。

杭州银行立足于“地方银行、市民银行、中小企业主办银行”的市场定位，在支持城市基础建设、中小企业发展、国企改制、实施再就业工程以及满足广大市民金融需求等方面做出了应有的努力。

【共合网广告信贷项目的合作担保机构——浙江新远通担保有限公司】

浙江新远通担保有限公司（XYT）是由共合网的战略投资伙伴恒基集团为广告信贷项目专门投资成立的综合性专业融资担保服务机构。主要从事以广告信贷业务为主的借贷融资、合同履约、诉讼保全等担保服务，在中国首创针对广告业信用担保的“合纵连横理论”。

作为专业化、市场化运作的民营融资担保公司，公司拥有一支出色的管理团队和一支多数在国际国内大型投资公司、银行工作多年的优秀人才队伍，充分借鉴国际金融服务机构的成熟管理经验，公司建立了较为完善的经营机制和激励机制，有效地控制信用担保经营管理的制度风险和道德风险，在为广告信贷企业提供信用担保服务中，坚持安全、稳健、高效的风险控制原则，推进信用融资担保业务持续、健康、稳步发展。

新远通以卓越的专业能力、高端的服务水平、广泛的品牌认知度、最大的广告业担保市场份额和广告信贷独立市场地位，赢得“广告融资智多星，信用贷款及时雨”美誉，成为“中国广告业第一信用保障平台”。

【共合网广告信贷项目的合作法律机构——浙江天册律师事务所】

天册律师事务所总部位于杭州，并在上海设有分所，是中国成立最早的合伙制律师事务所之一。经过多年发展，天册已成为中国知名的大型律师事务所和长三角地区领先的律师事务所之一，综合实力在浙江居于首位。

天册在金融、商事和诉讼领域的优异表现在业内外赢得并形成了较高的声誉和品牌。天册同时获有中国律所的两项最高荣誉——中国司法部授予的“部级文明律师事务所”称号和中华全国律师协会授予的“全国优秀律师事务所”称号。

天册目前拥有110余名律师和各类专业人员，组成专业型和复合型的法律服务团队。天册律师大多数毕业于国内知名法学院，其中近二分之一的律师具有硕士以上学历或国际教育背景。天册有诸多律师受过两种专业教育；除律师资格以外，有20余名律师还拥有其他专业资质，如专利/商标代理、招投标、注册会计师、国际商务师等。天册目前有17名律师被聘为中国国际经济贸易仲裁委员会及杭州仲裁委员会仲裁员。

天册以市场经济主体为主要服务对象，核心服务领域为公司业务、金融证券、外商投资、国际贸易、房地产、知识产权及民商事诉讼和仲裁。天册与国际律师行以及国内各中心城市的优秀律所组建了业务协作和联营组织［即“中世律所联盟（SGLA）”］。

天册律师事务所协同共合网创建了广告信贷的规范法律程序，并以卓越的宽领域、高质素的金融领域法律服务为广告信贷项目保驾护航。

C卷　众所周知

第一辑　故旧印象

第二辑　周边观点

第三辑　媒体声音

第一辑 故旧印象

1. 初中：青茵说
2. 高中：凡凡说
3. 大学：高政说
4. 早年：李娜说
5. 故友：小鹿说

初中：青茵说

1983-06-23 | By：姜庆英 | From：衢州二中学生周晓的毕业留言本

我们俩互相认识的时间并不长，只有那么屈指可数的几天，但对你的大名早已有所耳闻，只是无缘相识。现在，我也为我能在初中阶段的最后几天中认识你而感到高兴。我对你无甚了解，说得更具体些我只知道你的大名。我只是在大街上不至于不认识你，别的我都无从说起，只能借鉴前面的赠言，希望你能谅解。

每个人刚诞生的时候都没有多大的差别，只要是一个不是残疾的人，他都应该会哭，应该有头有脑。但这以后都会发生变化。每个人都有自己的性格，你的性格比较怪，有与众不同的个性，希望你不要将它失去。

小时候的我们总是单纯的。骂街的是坏的，劝架的是好的。笑的人总是欢乐的，哭的人总是伤心的。可现在的我们是绝对不会这样认为的。骂街的也有的是为了伸张正义，劝架的也有黄鼠狼给鸡拜年的。人在麻木不仁的时候也会疯狂地笑，哭有时也是真情流露。人总是不断地在改变自己的。童年时的我们是纯真的。十三四岁前的我们是迷茫的，而现在的我们是沉思的。

你哀怨“谁知我心”，是的“谁知我心”。我特别喜欢《武则天》的主题歌，正因为它唱出了我的心声。大千世界人海茫茫，想要寻觅一个知音是何等的难啊！有时候我有无限的欢乐想与人共同分享，有时我又有满腔怨恨想要找人倾诉，可谁能与我同行，谁能听我心声！你的心情我十分理解，我希望你努力地找吧，哪怕是竭尽你的全部力量。世界之大，我相信你一定会找到的，在这世间，总会有知你心者。愿不久以后不再听到你说“谁知我心”。

你有时很孤寂，因为父母亲都不在你身边，你不能得到很多父母之爱。父母之爱是伟大而又神圣的，但真正理解父母之心的人并不多。在我得到慈母千万般宠爱的时候，我对这种过分的溺爱十分地反感，可现在我多么希望能依偎在母亲的怀抱中，哪怕是一秒钟、一霎那。可这一切都无法挽回。周晓，希望你能珍惜父母之爱，特别好好地对待妈妈。也希望炽热的友情能填补你的孤寂。

人生在世无非是为了大有作为。我们应该满足了，因为我们得到了许多的欢乐。我们也惆怅了，因为我们也失去了童稚的心。也正如你所说的我们是不会后悔的。我们得到了也付出了昂贵的代价，我们失去了童稚的心却得到了更成熟的思想。

很想留言很多很多，但是挤牙膏似的我再也挤不出什么了，更兼最近身体欠佳，因此不能写得很多很多。我想把我们诚挚的友谊藏在心底，永远，永远……

【旁白】

那时衢州二中还是禁止男女生交往的，毕业的时候，我的留言本在同学中传递了个把月才回来，期间不知哪个大胆的同学把本子传到了女生圈里，回来时这篇留言就在了，其实当时我还不认识这个小女生。（当然也不奇怪，那时也有女生的留言本传到我桌上，传到了我也提笔就写。不管彼此熟不熟。文中她说“你哀怨谁知我心”、“你有时很孤寂”，就是偷看了我给别的女生的留言上面的话。）

当然后来我们也认识了熟透了，有两三年她甚至一直是我们几个男生的小尾巴，整天兴致勃勃地帮我们下河游泳时看衣服、偷橘子时放风、看录像时占位、打台球时摆台……很贪玩很粘人。

写这篇留言时她母亲刚去世没多久，看上去有点单薄，我上大学后她还常到我家串门，帮我妈妈缝被养鸭种无花果，我妈妈一直很惦记她，说她人很乖嘴很甜。

最后一次见到她还是在1996年，她在衢州新桥街的电影院对面开了一家小饭店，不知道生意是不是很好。已嫁，有一女。

高中：凡凡说

1987–02–10 | By：胡凡 | From：夹在送给待业青年周晓的一本生日礼物书中的便条

周晓有太多的梦太多的梦，梦总有蓝本，她也许是一个女孩，一个带点夸张带点想象朦胧的确是真的女孩，也许她是不止一个的女孩。

周晓的生命、周晓的感情在梦里雾里隐约。这有些些的不妙，周晓你明白不：有多少个女孩走来你的身边，又有多少个女孩走了过去？她们希望接近着你清楚着你却不敢跨进你，因为你仍是朦胧仍是游弋仍是不能够清清晰晰，谁敢牵住虚无谁敢跌进迷雾，谁敢呀？

周晓的诗一直一直感动我，感动之后甩甩脑袋有点开心有丝心酸：用我的名义写给我，可是一切一切不是真的为我写的。世界上只爱作诗做梦的人并不是真的很多很多。

也许你接着做梦说梦会有收获，也许你该停止梦想去真真实实描绘一个未来。

迷离不是过错，是在爱做梦的年纪的一份幼稚。胡乱的一份感受别惹你生气伤心哦。

祝你

天天长大好吗?

（光临的时候请带你的那些那些诗集）

有色彩的灰灰人

1987.2.10

【附录】

2005年7月6日在金华新闻网上转登的一篇《金华晚报》关于胡凡的报道文章。全文摘录如下，权当对胡凡的一个不完全介绍吧。

金华女子“想”有名气

（2005年7月6日 《金华晚报》记者赵如芳）

本想自掏腰包把画集“嫁”给日记，没想到不但没花钱，还得了一笔稿费，并且书一出炉就被书商订购一空，这是金华女子胡凡没想到的事。

毕业于浙师大美术专业的胡凡，现在市区某杂志当编辑，爱好文学和绘画。最近，她出了一本书画集《想一个人 一个人想》，里面的文字几乎都来自于她的日记，绝大部分插图都来自于她不同时期的画作。书的装订也比较特殊，正着看是《一个人想》，摘录了她不同时期的日记里的碎片和画作；倒着看是《想一个人》，用语言片段和图画描绘了一个女孩向往爱情的故事。

书中有画，画中有诗。画的种类连她自己都说不出——尽管她的作品曾经入选第十届全国美展（国内美术界较具权威和影响力的比赛），反正这些画只要她喜欢就够了，画里有摆着各种姿态、穿着各种服装、表达各种情绪的女人，也有经常和女人相伴的带有神秘气息的猫；画边的诗都是她的心得，更多的是一个女人对感情、对生活的感悟，有愉悦有平静也有淡淡的忧伤，她有点“自恋”地认为，大部分文字还是不错的。而当初，正是对文字的“自满”让她产生了出书的萌动。

那是去年的一天，她在新装修的房子里收拾东西，发现了以前写的日记，觉得其中有些话说得挺好，就想用书的形式把它们储存起来，当做是对自己青春岁月的一个纪念。刚好身为省美术家协会会员的她又有很多图画，就把这些画与文字配起来，这样就形成了书画集。

去年12月，她把整理好的书稿交给在北京的一位朋友，想让其帮助寻找一个书号比较便宜的出版社。几经辗转，样书被送到了中国和平出版社的一个编辑手中。编辑拿到样书后，到处去做市场调查，发现读者反响很好后，就向领导建议：免费为胡凡出书，给胡凡稿费。

今年6月，由胡凡自编自排的《想一个人 一个人想》出版了。市场反应的确像出版社编辑预料的那样——一路飘红。目前，第一次印刷出版的书已经被书商订购一空了，出版社正在筹备第二次印刷。

拿到这本书后爱不释手的市民廖先生昨天对记者说，书的形式很新颖，无论是正着看还是倒着看都可以，而且她的画很有个性，文字也颇有韵味，整本书读起来既有阅读的快感，又能使心灵产生共鸣。市区一位张姓女青年看了该书后，也动了要出书的决心，还想拜胡凡为师，跟她学画。永康一位爱好文学的先生看了该书后，要求胡凡将书中两首诗的手稿寄给他……

目前，胡凡正在对即将再版的书做些修改。对于未来，她没有过多的规划，正如她在书中所言："如果很有设计地去生活，那人生也未免太平常。总需要有一些突如其来的事，让人心惊或心喜，日子才会生动起来。"她没想过是否要当画家、当作家或者再出书，只想继续保持对文学和绘画的兴趣，继续保持目前这种有点小资的生活。

大学：高政说

1989–06–27 | By：高朕 | From：周晓的大学毕业纪念册

听来听去都是对你的感叹

看来看去又全是对你的赞扬

其实

朕的眼里你也不过是稀松平常

说起来两个人最为要好

有时候总像是天涯海角

说起来总是不如你

想一想又实在是不服气

不就是

写几句颠三倒四的文章
做几首没头没脑的歌谣
哄几个没见过世面的小妞
不就是
找双破皮鞋溅点泥充充潇洒
看本武打书充充知识不差
穿件风衣希望别人说你像保罗纽曼

不就是不就是吗
我们的食堂辩论看来远没有结束
给各自一点时间
我再学着写诗，你也学着写标语
我再学着吃六个鱼头，你也留着广场绝食记忆

其实透过许多的赞扬
你的朋友实在太少
我不想给你虚幻的金字塔再加一块砖

朕
1989.6.27

【旁白】

高政是我大学同学。1989年在写本毕业留言时，他因众所周知的特别社会原因被取消毕业分配资格，那拨人后来不是移民就是下海。高政最初一段时间曾与人合办服装厂，并在杭州新声路市场卖服装，亏得一塌糊涂。现为浙江金融界著名人士。高政多年来在生意上帮过我不少忙。

1990-06-23 | By：李娜 | From：在翻看周晓的大学毕业纪念册时补题

早年：李娜说

初见时，先闻听了你的声音，觉得好沉，便想象必定是个好帅的小伙，一定要设法认识他。可后来一见，竟然是“你”——

★ 有时想想你真是个太可爱的BOY

在女生宿舍里高谈阔论，耍耍你那未必真“薄”的嘴皮子，增添彼此茶余饭后的一点笑料，一点都不像老师。

★有时想想你真是个好实在的BOY

感谢你送来的“流浪者”，外加一脸的诚挚，并且不收任何“酬劳”。感谢你给我写了那么多演讲稿。

★ 有时想想你是个很可恶的 BOY

吃一顿饺子不会忘了带橡皮，吃生日蛋糕还会约定俗成地送贺卡，请人跳舞还穿大头胶鞋，写了那么一篇遭万位“舞林高手”唾恨的 ARTICLE《舞林志》。

有时想想，唉!

你就是你!

学友：李娜

1989.6.23

【旁白】

李娜是历史系 88 级学生，其实不算是我的学友，她写本文时的落款是“1989.6.23”，实际上是 1990 年 6 月 23 日硬抢了我的毕业纪念册不由分说写上去的，那时我都已经是老师了。李娜那时像李湘，圆脸爱笑眼睛贼大酒窝一人多深。

李娜后来经商很早就发了。好几次想向她借钱，后来都忍住了，主要是记得年轻时候毫无功利的时光太美好，实在舍不得坏了印象。

李娜的先生曾经在 1991 年委托我设计了一个系列

8 张手绘平面广告，那是我平生第一次赚大钱拿到了900 元巨款。后来我开广告公司的那几年，她的公司和他先生的公司都照顾了我很多业务。只是我从来不会把他们的名字列进我电脑里的客户表，一日为朋，终身是友。

故友：小鹿说

1991-06-23 | By：陆蕴文 | From：题在周晓诗集《两个人的诗社》的封底

我们拥有的——

是不曾失落的日子

我们难忘的——

是成长的岁月

青青校园——

是梦的衣裳

以后的每一次郊游

我仍会不管三七二十一

拉上你

小 鹿

1991.6.25

【旁白】

陆蕴文比我大两岁，在大学里是我们隔壁科档班的女生。我们经常一起上大课，总是在课堂上百无聊赖地聊天或者互相交换小说杂志。后来发现我们住在同一个小区同一幢楼，而且她就住在我的楼下。后来知道她父亲是我姐夫的同事。她曾经兴致勃勃地打算教会我跳伦巴，教了几个月后她自己也不会跳了。

她对生活很有自己的态度，她曾说过人生过了30岁就没什么意思。她的愿望是永远不要看到自己慢慢变老。她很任性，沉溺在自己的世界里，把自己当做一只快乐的小鹿。

在她30岁生日的前几天，她选择离世。我相信在另一个世界里她还是一只快乐的小鹿。

第二辑 周边观点

1. 救救周晓（高鸣）
2. 不是天才是鬼才（林洁）
3. 郑撼观点（郑撼）
4. 我眼中的周晓（许翾）
5. 奇人周晓（郭羽）

救救周晓

小范围公认思想家 高鸣

读了周晓这本书，你不会怀疑，他是一个善良无比的人，一个聪慧过人的人，一个才艺俱佳的人。读了周晓这本书，你不会怀疑，他是屈才的，他没有发挥好自己的才。“天生我才不想用”，实在是无奈和悲哀。读了周晓这本书，我有点伤感，想起了鲁迅“救救孩子”的呐喊，耐不住想说：“救救周晓！”

救周晓救什么？救周晓这类人的才。如何救？改变周晓这类人所处的社会环境。我们现在的大环境是：初级阶段的市场经济。在这样的环境里，评价一个人，世俗的标准是这个人挣了多少钱。于是挣钱之才就吃香，其他一切才就“生不逢时”。于是不仅商人一门心思在经商，文人也弃文去经商。于是文人就屈才，经商做不过商人，经文少有时间和精力，好端端的一个完整的文人一分为二，变成了半个文人和半个商人，或者变成了本质上的文人，形式上的商人。问题是，形式是要代价的，因了这形式挖了本质的墙脚，弄得本质打了折扣缺了角，如果挖墙不止，这墙就会轰然倒下不再成墙——变成一堆碎砖。周晓还不算最惨的，因了他的认真，因了他的多才中还有一点商才，他成不了企业家，总还能挣一些养己助人的钱。我另有一个朋友才惨不忍睹。这位老兄能书法、会绘画，为了挣钱鬼使神差开了个工程制作公司，他一不懂技术，二不懂财务，三不懂管理，结果因发不出员工工资和材料款，被人拉下假发，一顿痛打，连呼救命才保得一命。

也许有人会说，“天生我材必有用”，无经商之才，其他才只要发挥得好，照样可以成名成家，受人尊重又发财。问题是成名成家太难了，难于上青天。你看，体育之才，非要得世界冠亚军才算出息；唱歌之才，非要全国名列前茅才有饭吃；绘画书法之才，非要全省第一才会小有名气；写作之才，充其量做个领导秘书或出版不一定畅销的书。不像那商人和企业家，只要在一个市，甚至一个区、一个镇排上前几名，也可以家财万贯，资产过亿，被誉为“成功人士”。毕竟人人要食人间烟火，毕竟钱财可以改善物质生活，文人自己可以轻物质重精神，可文人不忍心让自己的妻小和养育自己的父母也过清贫的日子。这就是文人被社会从艺术的殿堂里驱赶出来，走进商海的原因所在。

正如工业化、城市化破坏了地球的自然环境一样，市场经济破坏了这个世界的人文，破坏了人的艺术，使人一味向外索取，而忽略了向内的发展和完善。亲民的香港文化，三十年前先是传染到深圳，现在已传染到整个中国内地。曲高和寡，电视要收视率，报纸要发行量，只能趋众，只能付出曲低的代价。有点天才味道的周晓，童年画画出画册，少年写作进作协，青年会考中状元，这样才华横溢的人，本可以成为一流的画家或作家的，只因其才卖不出价，被迫从商，到如今仅落一个不知算几流的企业家。有部香港电影，片名叫《无辜的少女，罪恶的社会》，套用这一句式，可不是“有才的周晓，不用其才的社会”么。

不能说我们现在的社会不重视人才，可重视的主要是科技人才、经济人才、管理人才，亦即可以创造物质财富的人才，至于人文方面的人才，如哲学家、思想家、作家、书画家之类，似乎不在人才战略考虑和培养之中，也不在引进人才的目标之中。照此发展下去，我们这个人的世界，必然会走向物质化、数字化、机械化，少了作为人的灵性、人的精彩、人的可爱、人的味道。在物质贫乏的时候，物质是第一性的，但到了物质解决了人类的温饱以后，精神其实比物质更重要。因此，哲学家比科学家更宝贵，作家比企业家更有价值，至少有同等的价值。周晓是人文的人才，不是科技的人才，不是经济的人才，所以被埋没。一个社会埋没一个人才不要紧，可严重的是，类周晓的人才几乎无一例外地被埋没了。思想和艺术的人才是天才，并非通过训练就能成就的，埋没一个少一个。没有曹雪芹，这个世界永远不会有《红楼梦》；没有毛泽东，这个世界永远不会有毛泽东思想。而不像自然科学，没有了牛顿，早晚会出现牛顿定律；没有了爱因斯坦，早晚会有原子弹。

现在全世界的人们已经意识到，光讲发展经济，不讲保护环境，我们赖以生存的地球就会坏掉，现在已经坏了一部分，要修补，要救。其实，人文环境也是人类生存环境的重要组成部分。那么，救救周晓，救救周晓式的人文才俊，就是救了全人类！

在此，我只是把救救周晓的问题提出来，具体的处方我开不出来，比如如何大幅提高人文工作者的待遇，比如如何重奖人义工作者的创造发明，比如如何造就一种人文贡献光荣的社会氛围。

2010 年 6 月 9 日

【高鸣简介】

高鸣，1957年生，江苏省杂文学会会员。著有杂文集《星见集》、《精养女儿实验报告》等作品，入选《中国当代技术人才荟萃》、《中国世纪专家》。下过乡，当过工人，做过秘书。1980年至今，从事新闻工作。现任江苏广播电视总台上海记者站站长。

不是天才是鬼才

艺术博士 林洁

“天生我才不想用”，不是鬼才怎么想得出这种话？

这位鬼才的人生轨迹太与众不同，就像过山车，几次似乎要到顶点了，一下又摔到谷底。半生经历抵得上芸芸众生的几辈子。可能是因为才华太满溢吧，以致他不得不经常换换行当，有机会就晒晒他在各个门类的才。

当年读大学时，《杭大学生报》上发美文、写小品、演话剧，他的才情似乎是取之不尽的自来水。

那时他恐怕没有达到“天生我才不想用”的境界，所以毕业后留校当了几年周老师，就胸怀壮志冲出象牙塔去了。之后，据他某篇博文记载，做过的事情有30种。而其中若干桩与我有些许关联。

先说我们合伙做的第一桩生意。那是1991年，我刚大学毕业到工商局，假公济私去下属市场借了一辆三轮车和几十双鞋子，就在某个周日的上午，一男一女去当时的西溪路“星期天市场”摆摊，在周晓拦下路人对鞋子和人生、历史进行了各种演绎之后，终于卖出了一双鞋子，毛利40元，当天这笔钱就在收摊后贡献给了杭大专家楼餐厅。

这之后我们从转手倒卖上升到知识含量较高的业务领域。为他的文印社介绍业务成了我的副业，而服务周到、价格低廉使我们还颇成了几笔业务，利润从几百到上万元不等，每次均平分利润，如今想来，我只是牵了个线而已，这年头，过河拆桥、言而无信似乎才是“常例”啊。我估计，世创文印社发展壮大为世创广告公司的背后，大概有若干个像我一样合作愉快的兼职业务员。或者说，诚信壮大了他的生意。

大约在2000年左右，与我的一点推荐有关，这位鬼才接下了他当时最大的一桩策划业务，金额达到30万之巨，虽然直到十年后的今天，该笔款项才到账了一半，但由此，周晓进入了房地产策划的新领域，进而直溯上游至销售代理、至包销、至投资开发商。如今说起那位只付了一半账的客户，他居然还深情款款，“感谢他给我进入房产界的机会”，一直非常感恩。

除了鬼才之外，适用于他的称谓还有天才、全才、超人。

如果他不是天才，怎么上下五千年他全通晓？怎么一晚上写出万字文案？又怎么能转 30 个行？

如果他不是全才，当年他和朋友搭档创建银饰品品牌，成本大概就会高上几倍，因为他一人把设计全套 VI、制作柜台、撰写招商书、编写销售讲词甚至摆搭货架、培训营业员和盘货记账全统包了。

如果他不是超人，经营广告公司时，因为客户冲着他的创意和设计能力来，事实上，从文案到平面设计，包括一张张图片都是他挑灯抠出来的，连续几晚不睡是家常便饭。

至于他如何在脱下大学老师的身份后，进入期货界，快速赚下一桶巨金，以及如何同样快速地又成为“巨负”；如何在赤贫后离开杭州栖身上海街头画斑马线；如何在房产生意遽然生变的一年之后，又摇身一变成为共合网的 CEO，并掀起一股注意力旋风又被媒体神化，这些于我们这些知根知底的老友来说也是个谜。似乎，失意时，他总是选择离开、疗伤、崛起，然后又回到老友的视线中。而我们也早已见怪不怪——在这个鬼才身上，发生一切都不稀奇。

最后，如果让周晓走下神坛的话，我不得不说，他是一个善良、无私、有趣的人。

2010年6月1日

【林洁简介】

林洁，女，杭州大学经济系毕业。原为《杭州日报》记者，自由撰稿人。现为中国艺术研究院艺术学博士。

郑撼观点

艺人 郑撼

“您好，我是周晓。”

不紧不慢的男低音，这是周晓接电话标准礼仪之一，相信多数电话先认识周晓的朋友都是这样开始的。这个衢州籍的杭州男人一如绅士般的温文尔雅，初次电话交流，有幸或许还能听到进一步的解释“众所周知的‘周’，家喻户晓的‘晓’”这般广告词式的提炼介绍。

周晓其实是我之前的老板，因最早是由他父亲周幼源老师引见认识，便自觉延用“老师”作为称呼。记得还是1999年，当时我也是离开衢州刚到杭州，希望有所发展。只因为在离开衢州前，他父亲周老师交给我一张字条，写了当时还是“9”带头的大哥大号码，说了句“真有困难或需要可以找找周晓”，后来便也就算认识了。

刚到杭州，举目无亲。马路很宽，我很迷茫。20不到的我，即便浑身有劲，却不晓得着力点在哪。

那时，我在南山路一画廊推销板画，周晓在世贸中心工作（我从未去过那时看来这么高级的写字楼，可怜我实在没怎么见过市面吧），不过已经准备自己干了。日子开始充实，至少没怎么闲着。

现在说来反正也不算什么秘密：也就一台电脑，还是在翠苑的家里，充其量就相当于一个工作室，那时他反正就是忙忙碌碌，白天约客户谈稿谈思路，晚上加班把白天的工作消化掉。他自己是业务员兼设计师，我自然是伙计，经常是他用电脑画图的时候我边上看着学习，时常坐他租借的车子到处送货。于是，我便成了视创企划第一名员工，工作很带劲，不分昼夜，我反正也是闲得慌。量尺寸，送样品，跑出片制版，印刷厂提送货，结账……凡是周晓不方便做我能做的，统包。很有意思，相当充实，很能炼人，有前途，还是跟他混吧！至少比挨家挨户扫楼看脸色做推销强多了。

进步总是从模仿开始，于是，我开始模仿他的口气、节奏、做事情的章法、制定计划，模仿他送稿客户如何解释如何说服。尽管努力地模仿，不过周晓滔滔不绝的口才看来还是学不会了。

归档一样而显得非常有意义。周晓老师出书约稿，能占个版面唠叨唠叨，当然高兴！

现在想来还是很感激！很多关键的节点步骤，学习和进步都和周晓的影响离不开。

因为周晓，我认识了他周围的一圈人，即便只是碰面的点头交往，也让那时的我丰富了很多！

由于周晓，我接触参与了很多从未做过的事情或行业，至少都是新鲜的！眼界在提高！

零零散散，甚至无法成段，记下的都已是一晃十年前的零星往事，认真细数，当然无法件件透彻，更多的是描述一个当时的大概状态。很多时候，当前行的脚步适当停顿，看看被踩过留下的深深浅浅的脚印，正如电脑运行久了，适当进行磁盘清理，重新保存。

郑撼于杭州木头屋

2010 年 6 月 12 日

【郑撼自介】

郑撼，男，现从事广告设计策划行业，震撼创意机构掌门人。和多数入杭创业者一样，为理想和现实来回奔波。闲的时候喜欢瞎逛、空想。

我眼中的周晓

高校教师 许翾

周晓嘱我为他的书写一段，是希望为读者再现他在杭州大学留校任教的那一段经历，因为我是周晓的同乡、高中校友。在我整个大学期间，他是我的老师，也是朋友和兄长。大学毕业以后，我又与他在一个科室共事过一年。我与我先生相识相遇，也是因为他的关系。看来，似乎没有比我更加适合的人来写这段文字了。然而，现在，我却深感无措。对于非常熟悉的人，很难去作评价性的叙述。忆及往事，浮现在眼前的都是一些片段和细节，很琐碎，毫无逻辑，大体与我自己的心境紧密相连，说不定还会被记忆“欺骗”呢。恐怕大家都会失望呀！

我初中毕业考入衢州二中以后，仍然带着山区对城市的敬畏之感，很多地方都放不开，非常闭塞地过了三年。除了我的5班以外，基本上不知道学校的其他事情。但尽管这样，关于周晓的传奇还是有所耳闻，似乎他是一个很有意思的人，个性独特，文采斐然，书画绝佳。

我上大学那年，周晓刚刚留校，在1989年，这算是一个非常好的就业安排了。当年的圣诞节晚上，我被置身于一个同乡聚会的情景之中，周晓也在。他显得太过年轻，不像是一个老师。我问他："你真的就是周晓吗？"我又问："你真的是我们杭大的老师吗？"旁边人嗤嗤地笑，周晓严肃地回答我："当然是真的。"

大二的时候，学生处搞管理革新，聘了一批机关干部派往部分班级做助理班主任。周晓恰被分到了我们班。有一次班级春游活动，周老师也参加了。同学们围着他，语笑嫣嫣。那是记忆中唯一一次感觉到周晓作为一个老师的气派。

我和同学一起去过周晓在1幢的宿舍，触目所见，到处都是书。和他聊天，只觉其知识渊博，见解深刻。人情练达、世事洞明都不在话下。但见他实际处事，却一派天真，常有出人意料之举。我记得有一天周晓突然送给我一套侦探小说，这之前并没有征兆，事后也不再见他提起，让我颇感突兀；另有一次，他鼓动着大家一起去踏雪，结果错过开饭时间，我们饿着肚子感到意兴阑珊，只他依然兴致勃勃；还有一次，他带着几支蜡烛来到我们寝室，于是大家十分认真地对着烛光发了半天呆……像这样的事情，简直不胜枚举。他若按牌理出牌，倒让我们感到奇怪和不习惯了。

我最佩服周晓的地方，却另有其事。我当时喜读金庸的武侠小说，一见到人就想切磋一番，但碰上周晓，还没说上几句，他就开始接着滔滔不绝地往后背下去了，让我不得不惊叹于他超群的记忆力。我有时故意找一些生僻的细节去考他，偶有胜利，就得意非常。1994 年左右，周晓发了兴要考研，那点专业课对他来说，简直是毛毛雨。但英语一项，素来是他的死敌。我记得他在短短数月之内，就把一本英语词典都背会了，我专找冷僻的俚语和俗语去考他，但从来没有难倒过他。可惜他从不朗读，虽然词汇量很大，但语感却总是和他作对。周晓样样都牛，只是搞不定英语，算是他的一个软肋。

每个人都有软肋的吧！我的软肋很多，其中之一就是字写得太难看。大学四年曾刻苦练习顾仲安，一无所成。所以我对字写得漂亮的人，一律无条件地敬佩和欣赏。周晓的字，在我看来，可用“绝妙”二字来形容，听说当年全国硬笔书法大赛，顾仲安竟然居于其后啊。

我至今保存有周晓的数封墨宝，不仅文采非凡，而且每一封都用不同的字体写就，像这样的作品，估计不会太多见的。

周晓会作画，我记得十多年前有一位朋友结婚，他画了一幅油画作为贺礼。画面上是一个身着清式服装的女性，很有一点陈逸飞作品的味道。还有一回，我们坐着聊天，周晓很无意地随手拿起一张纸片，对着我勾勒出一个人形来。聊聊数笔，但颇为传神。我平生第一次当了一回模特儿，可惜那幅铅笔画没有保存下来，至今想来仍是一个遗憾。

周晓武艺高强，所以他的人生纷繁起伏，颇具传奇色彩。但观其日常生活，却始终如一：孝敬父母，爱足不出户地看书，还会路见不平。如果要我作出评价，我觉得他是一个至真至简之人。

2010 年 6 月 10 日

【许翾简介】

许翾，女，杭州大学中文系毕业。硕士，副教授。从事学生工作十四年。原为浙江大学传媒与国际文化学院党委副书记，现任浙江大学党委组织部副部长。

奇人周晓

企业家 郭羽

说周晓是奇人，绝对不为过。周晓所拥有的才气、灵气和“人气”，令人震惊。

周晓有才，可能是所有见过他的人的共识。他不仅善写、会画、精篆刻，歌也吼得特别有味道。毕业于杭州大学历史系的他，纵横五千年、寰宇八万里，几乎就没有不知晓的。父母给其取名“周晓”，或许是早知儿子有才，无所不晓吧。

周晓不管是在家里还是办公室，都有一屋子的书。他的书可不是摆设，几乎每一本都看过，原因很简单，他看书特别快。每次如厕，他总会带一本书进入，等他从厕所出来，一般整本书都已消化，他已经能把书上内容复述个七七八八了。这里面，当然有天才的因素在了。

周晓不仅读万卷书，还行万里路，而且时常神出鬼没地出现在你想象不到的地方。反正我已经习惯于电话打过去，他正在南中国海上漂泊，正在加拿大魁北克古城溜达，正在宁夏沙漠上穿越，正在迪拜机场过关……独特的游历经历，融汇博览的群书，让他更加才气横溢。以至于几乎所有的聚会，只要周晓在，最后其他人都只能作为听众。最难忘的一次，是周晓从《圣经》中犹太人的出走，讲到战国时秦人的特征，大胆推测秦国人有犹太人的基因。当时，在周晓的旁征博引之下，几乎所有人都坚信秦人应该是出走的犹太人中的一个分支了。

当然，周晓的灵气要远甚于他的才气。毕竟才气来源于书本和见识，而他的灵气，则往往能诞生许多前无古人的思想！

我第一次认识周晓，就被他的才气震撼。那是2006年初，当时我和林东刚刚从"网游＋牛肉干"的创新合作中获得巨大成功，于是再接再厉与徐汉杰一起发起成立了安德维公司，取名R&V的谐音。因为理论界把我们的创新称之为R&V非竞争性战略联盟，是一种Real resource（现实资源）与Virtual resource（虚拟资源）相互共享整合的商业模式。

但这个模式太新了，我们还没找到如何进行整合的系统方式。因此在林东的绿盛集团会议室里，每周末与杭州青年企业家协会一起发起了一个R&V模式研讨会，希望给自己找到方向。而周晓就是在第二次研讨会时出现的。

那个晚上周晓其实没能把凳子坐热，这个独特的商业创新让他激动万分，灵感勃发，率先上台洋洋洒洒地开讲，并且没再让其他人有机会发言。当晚他就总结出安德维公司应该做三方面的业务：传媒资源互换、共合互动传媒和广告信贷，并为公司的电子商务平台取了一个大气而又契合业务内容的名字——共合网。可以说，周晓一个晚上的灵气喷发，就确定了共合网未来的业务方向。当然，周晓也很信任自己的灵感，在此后一周，周晓就迅速将自己的几个公司善后，然后加盟共合网成为 CEO。

周晓的灵气简直可称为“一灵定乾坤”，反正此后共合网就是按照周晓那晚制定的策略一路获得成功的。先是在周晓到岗一个月后，共合网就以传媒资源互换业务获得国际著名风险投资公司软银和鼎晖 300 万美元的投资；一年后，又凭借欣欣向荣的共合互动传媒拿到了软银、鼎晖加集富亚洲三大巨头的 1000 万美元投资，整个公司价值达到 3400 万美元；接着，在国际金融危机的大背景下，新媒体发展遇到瓶颈，但周晓早就布局的广告信贷业务却逆势蓬勃发展，带动公司现正在奔向纳斯达克的道路上。

至于“人气”，是指周晓由于才气横溢、灵气逼人，以至于身边总有众多仰慕的女子，“人气”很旺啊。

有一日是中秋，我手机上突然接到一条才气横溢的祝福短信，首先绝对是原创，因为作者挖空心思找出几句很应景的古诗词，并把一个叫姜芳的女孩的名字嵌入其中。短信雅而不艳，温馨动人。如果我是女孩，一定会心生感动。当然，作者就是周晓，他是不慎错发到我的手机上了。错发的理由，则是因为那晚他一口气原创了60多条短信给了60多个女孩，太多了，一不小心就发错了。

不过必须强调的是，周晓在私生活上绝对检点，从我认识他至今已有五年，一直单身的他面对爱他和他爱的女孩甚为克制，而发展到要谈婚论嫁的我相信也只会有一个优秀的女孩。他之所以能够一个晚上为60多位女孩原创中秋祝福短信，实在是因为才气和灵气太多了，压抑不住。历来才子总希望多几个红颜知己，周晓这个当代才子当然不例外。他对这些女孩只有交流之意，而无欲望之念。比如姜芳，其实是好朋友林东的秘书，由于经常有机会碰面，交往较多，只是朋友而已，从无私交。

不过，从中秋之夜的短信不难看出，周晓真是一个才气、灵气和“人气”皆旺的奇人！

2010年6月9日

【郭羽简介】

郭羽先后毕业于杭州师范大学与澳大利亚拉筹伯大学（LA TROBE UNIVERSITY）管理和法律学院，获硕士学位（MBA）。

郭羽回国创业，先后投资创办了国内知名的休闲游戏平台“边锋网络游戏世界”、浙江网络游戏行业领军企业“天畅科技”，推出中国首部民族3D网游巨作《大唐风云》，成立知名创新传媒机构“共合网”，又开发出全球最大的桌游在线娱乐平台“桌游世界”等。是新浙商的代表人物之一。

郭羽担任杭州市政协委员、浙江省侨联常委、杭州市西湖区政协委员、杭州市大学生创业俱乐部主席、杭州市大学生创业联盟主席团主席、中国青年企业家协会理事、浙江省青年企业家协会副秘书长、杭州市青年企业家协会副会长、杭商理事会副会长、浙江省侨联青年总会常务副会长、浙江省侨商会副监事长、浙商理事会主席团主席、浙江省青联委员、杭州市青联委员、杭州市动漫游戏协会副理事长、浙江省作家协会会员、杭州市作家协会会员、杭州动漫游戏专家评审委员会委员、杭州市首批科技企业孵化器创业导师、全国大学生“挑战杯”创业大赛评委及浙江大学、浙江工业大学、浙江工商大学、杭州电子科技大学、杭州师范大学、浙江财经大学和南京大学等多所高等院校的客座教授和创业导师等多个社会职务。

郭羽被评为浙江省优秀归国留学人员，并曾获“2005 浙江经济年度人物”、2005 中国十大创业新锐、2006 浙商大会创新大奖获得者、第八届“杭州市青年英才”、杭州市五四青年奖章获得者、杭州市民营科技新星、2007 杭州生活品质主题点评年度人物、“2007 风云浙商”候选人、首届长三角新锐青商、“2009 杭州青年领军人物”、“全国归侨侨眷先进个人”等。

郭羽所创办的企业先后获得“中国十佳网络文化企业”、“杭州商业模式创新典范”、2007—2008 年度中国最佳网络广告新媒体奖、下城区骨干企业、杭州市重点信息服务业企业、英特尔全球战略合作伙伴、2008 杭州生活品质主题点评“年度区块”；参与著作的《正在爆炸 -R&V：一个整合全球资源的中国自主创新案例》获得浙江省第 14 届哲学社会科学优秀成果奖一等奖；主持的民族原创动漫作品《大唐风云》获得中国出版界最高奖中华奖和浙江出版界最高奖鲁迅奖。

第三辑 媒体声音

1. 谈一场与资本的恋爱
2. 2008如何“赢”？看浙商们谋篇布局
3. CEO周晓浙大演讲 共合网追加创新传媒奖学金金额
4. 高考“状元”下海记
5. 共合庄——公园里摆北斗阵 你哪个单位的？
6. 用一台电脑，借一个网站，献一分孝心

谈一场与资本的恋爱

发布日期：2007–06–12 发布来源：《钱江晚报》

近日，一家成立才一年、网站还没正式开通的企业，获得软银和鼎晖两家国际风投的共同注资。这两家国际风投的口味不尽相同，虽然也都曾先后投资过阿里巴巴、分众等浙商企业，但他们同时相中一家企业，还是第一次。此前，国际风险投资的浙江企业，大的包括UT斯达康、阿里巴巴，小的有联梦、5173网站都为风投带来了巨大的收益。

在浙江，最近风投风正越刮越劲，浙江企业朴素和实干的作风逐渐释放出的魅力，越来越吸引国际风投的关注。尤其是近一个月来，国际风投踏足浙江的频率之高，似乎开始预示风投从北京、上海等大都市转战浙江的趋势：

5 月 21 日，浙江大学一百一十周年大庆，赛伯乐（中国）创业投资管理有限公司董事长朱敏，和近 20 位斯坦福教授及背后拥有 1000 家风投客户的美国硅谷银行行长来到了浙大，捐资 1000 万美元成立了“浙江大学国际创新研究院”，并坦言“正在和政府沟通，希望像美国硅谷的‘风投一条街’一样，把国内外的风投都聚集起来”。

一个礼拜后，“2007 浙商创业与风险投资论坛”座无虚席，美国 NEA 创投基金中国首席代表蒋晓冬、北京软银赛富投资顾问有限公司首席合伙人阎焱等 9 家国际风险投资机构负责人来到浙江，制造与浙江民企邂逅的机会。

又是一个礼拜后，在运河边古朴的共合庄，共合网的网站开通酒会上，软银中国合伙人宋安澜、鼎晖投资合伙人等十多家风投齐齐到场。

“很巧合，我们在国内投的第一家企业就是杭州的 UT 斯达康，后来又投资了阿里巴巴、分众等，跟浙江企业家算是有缘。”软银中国合伙人宋安澜博士把浙江称为福地，风险投资的成功率不高，就算把不亏损顺利撤资也算投资成功，这个概率也不到 50%，“但在浙江投的几个企业，都获得了很大的回报，浙江是我们的福地”。

风投们喜欢来浙江找“运气”，想找风险投资的浙江中小企业，也正努力创造邂逅的机会。上述几个风投参加的论坛，全部人满为患，挤满了“只想交换一张名片”的创业者。成为下一个“一见钟情”美丽故事的主人公，也许并不是难事。

无心插柳型：两个 5 分钟，引来上千万美元

“很多事情就像琼瑶剧一样，越是不经意，就越是有吸引力。”共合网 CEO 周晓收集了所有琼瑶和金庸的小说，却没想到离奇的“爱情故事”竟然会发生在自己身上。

2006 年 8 月份，周晓作为一个陪衬角色飞往深圳参加一个论坛，当时的共合网还藏在一间借来的办公室里，十几个人拿着三档工资：1000 元、2000 元、3000 元，交完三金和所得税，周晓每月的收入是 2650 元。

论坛接近尾声，主持人开始了惯用的结束语：“我们的时间差不多了，最后再请一位发言。”

最后一位站起来的就是周晓，“刚才娃哈哈和腾讯公司的老总都谈了自己很愿意创新，娃哈哈如果能在每瓶水的包装纸上留出一小块空间给腾讯，腾讯也在 QQ

界面上留出一块给娃哈哈，双方都能获利……我们就是做这种资源置换服务的”。不到 5 分钟，台下所有人开始关注他。

回到杭州后，周晓就不断接待来访者，“因为网站刚起步，要做的事情实在太多了，还没有考虑到要拿风投”。周晓说，鼎晖的黄炎找上门的时候，他因为正在开会，还晾了黄炎半个多小时，后来才知道这些国际风投商每天会拿到上百份计划书，想约见他们可不是件容易的事。这位后来投了他们的“财神爷”黄炎说，尽管当时就聊了几句，但第一次见面的印象很好，感觉这是一个能干事的团队。之后，黄炎又来过 3 次，每次来共合网都会有大变化，员工人数和办公楼面积都在成倍增加。

去年 10 月份，杭州举行 IT 中小企业项目推介与风险投资洽谈会，来了 10 家国际大风投，包括软银中国合伙人宋安澜、美国泰山基金总裁马小伟、IDG 的 VC 投资经理俞信华……

浙江也来了 10 家企业，包括共合网。也许是巧合，洽谈会还剩下 5 分钟的时候，最后杀出来的又是周晓。此时的共合网除了创新的概念，慢慢梳理清晰了自己的商业模式。已经准备吃饭的风投们，抬了一半的屁股被周晓的演讲拉回到椅子上，你一句我一句，洽谈会延迟了 1 个小时才结束。宋安澜会后递了张写上手机号码的名片给周晓，让周有时间到上海找他，并表示“今天就对你感兴趣”。

当盈利模式越来越清晰的时候，共合网的几个股东觉得，在不断与风投接触的过程中，一些先进的思想和理念成了共合网成长的催化剂。

“那天赶到上海之后才发现自己多么渺小。”周晓用了一夜时间，把 40 页的市场背景资料背在脑子里，赶到软银中国见宋博士，“当时里面有一家在谈，等了 45 分钟才轮到我，从 12 点谈到了 1 点半，后面还有一家企业在等。这次的交流让共合网又梳理出不少新点子，想拿风投的愿望突然迫切起来，因为除了资金，风投还能提供更多的经验和渠道”。

经过不断地接触和了解，软银决定投资这个刚起步的小公司；得知消息，鼎晖随即也表示要投资共合网。前几天，两份合同正式签署，共合网得到上千万美元风投。

深思熟虑型：投入 15 万元，赚回 200 万美元

在朋友圈里，徐汉杰有个挺时尚又与时俱进的名号——资本运作高手，这个称号始于两年前，当浙江很多企业都不知道风投为何物时，联梦已经拿到了第一笔国际风投。当然，对于高手来说，一切都是有“预

谋”的。

生于上个世纪 60 年代末的徐汉杰，在创建联梦之前的经历相当丰富，早年做过教师、记者，随后“弃文从商”，在多家证券及期货公司任职，还曾担任某投资管理公司总经理。正是这段丰富的经历，为其之后频繁与资本“过招”打下了深厚的基础。

2002 年 11 月，徐汉杰与两个朋友一起在杭州成立联梦娱乐，将当时最红火的网络游戏与无线增值服务两个概念捏合在一起。

新生企业要发展，钱是大问题。在投资界浸淫多年，徐汉杰接触过大量投资公司，他知道如何打动 VC（风险投资）。

舍不得孩子套不着狼，尽管资金很紧张，徐汉杰还是坚持花 15 万元，请了一家市场调查公司做手机拥有率、手机游戏接受度、增值业务消费情况的调查报告。拿到厚厚一叠资料，心里就踏实多了。查询了几大国际风险投资商的背景，徐汉杰将重点放在了曾经投资过盛大等著名网络公司的软银，他们的重点投资领域在 IT、通信等方面，又跟浙江的企业家有接触，成功的可能性最高。

走进软银办公室前，徐汉杰作了个深呼吸。公司只有几十个人，也没有产生多大赢利，国际风投能看上一家刚起步的小公司么？如果这家谈不成，意味着说服其他风投将花更多的力气。15万元没有白花，当软银拿到这份科学严谨的市场分析报告时，徐汉杰看得出对方的眼睛亮了一下，连同一个还处于纸面上的“在手机上做一个类似盛大的游戏公司”的概念，联梦顺利拿到了软银200万美元的风险投资。

有了钱的联梦开始跑马圈地，收购游戏版权。如今，联梦已经成为中国手机游戏第一品牌。

【新闻链接】

共合网获得软银和鼎晖的联合投资

（发布日期：2007-05-10 发布来源：搜狐网）

5月9日，杭州传媒资源置换平台共合网CEO周晓向搜狐IT确认，公司已获得来自软银和鼎晖的联合投资。周晓认为，之所以获得投资人的关注，是由于公司在广告模式上的创新。但周晓没有透露获得投资的具体金额。

周晓所说的广告模式创新，简而言之就是异业合作与资源互换。周晓认为，任何资源，除了其本身的价值外，还具备传媒价值，相互之间的资源互换，是对资源的进一步利用。“这种互换可以是一对一的，也可以是一对多的。但这种互换，都是在非竞争对手之间进行。”

周晓透露，目前在加盟共合网资源互换平台的公司大约有800多家，共合网主要通过收取加盟费盈利，此外，共合网还承接部分广告发布业务，不久还将推出全新的广告信贷服务。

据了解，共合网的这一模式来自于2005年杭州网游公司天畅科技与食品公司绿盛集团的合作。当时，天畅科技在游戏里推广绿盛食品，而绿盛集团则在其食品包装袋上推广天畅的网游。

杭州天畅科技董事长郭羽对搜狐IT表示，2005年的那次异业合作催生了共合网的创业思路。根据共合网网站的介绍，天畅科技郭羽和杭州绿盛集团董事长林东均是共合网的股东。

2008如何“赢”？看浙商们谋篇布局

发布日期：2008-01-08 发布来源：《钱江晚报》

【编者按】

2008年，是个特殊的年份，改革开放三十年发生的天翻地覆变化，有太多东西值得去总结；准备了几年的奥运会正式进入倒计时；国外游资大量进入中国；国内市场越来越国际化；成本上升、银根紧缩、外贸企业退税减少、人民币升值……“政策不断调整，我们也得时刻做好准备，踏得好就是机会，踏得不好就会被动。”用一句俗话来概括，“变化的世界，不能输在起跑线上”。记者近日采访了各个行业的浙商，他们的脚步匆忙，他们的语速飞快，他们的心情迫切——2008年，是“中国年”也是“浙商年”。看看他们都在忙碌些什么，听听他们都有什么计划，想想明年他们会给我们的生活带来哪些新的惊喜……

共合网CEO周晓：
1个月坐17趟飞机，累并快乐着。

对于大部分浙江企业来说，2007年是个丰收年。当很多人还在回望2007年的收获时，“居安思危”的浙商们开始考虑新一年的步伐。共合网的CEO周晓从2008年的第一天开始忙到现在，没在自己家停留过一天，“刚开完全国分公司经理会议，把任务目标落实到位，现在讲究速度”。

2008年元旦，共合网宣布，旗下的多方互动都市商圈联盟媒体平台正式命名为共合互动传媒，在北京、上海、杭州三个城市同时正式试播，今年将在全国40个城市布点。公司新年开门红，广告赢利已逾千万。周晓说，目前，全国共合网加盟商家已经过万家，昨天，他们已派出小分队去香港考察市场，这个模式很有创新性，他们的视线已经超出了大陆市场。

为了这一天，去年12月份，周晓一个月坐了17趟飞机，来回上海、北京、深圳等城市22次，通宵了10个晚上。“2008年对我们来说非常关键，开头不错，给了我们很大的信心。”

这几天，央视CTR正在北京、上海、杭州等城市做共合互动传媒评估。“为客户提供物美价廉的服务，实打实赚钱，我们已经做好了准备。”

“2008年，我们几个股东也都传来了好消息，林东上了2008年第一期美国福布斯杂志封面；徐汉杰的浙商创投管理公司募集资金已经达到30亿；郭羽的天畅科技高价套现，郭羽表示即将来共合网助力，大家干劲都很足。”周晓充满憧憬。

【新闻链接】

风物长宜放眼量——周晓看融资

（发布来源：《IT经理世界》）

热点新闻：金融危机

在美国次贷危机、人民币升值、出口退税、通胀等经济大背景下，风险投资（VC）界高度关注未来短期内的经济走势。最近VC们投资越来越谨慎，对新项目的投放放缓了脚步，对所投企业的执行力和创造利润能力关注度提高，并正逐渐进行微妙的转型。

新闻主播：共合网CEO周晓

过去的一两年里，谁谁谁获得风险投资，谁谁谁成功融资上市，谁谁谁创造资本市场传奇的消息，屡屡见于报端，包括我们公司，很多人不清楚我们是做什么的和怎么做的，只知道共合网拿了多少多少风投。当自己员工也开口闭口风投的时候，我开始担心，不是自己辛苦赚来的钱反而容易催生一种浮躁，不肯扎扎实实去拼去赚：李自成败在进京就止步，朱元璋赢在坚持不收手，做生意和打天下其实有一样的道理。毕竟风险投资到了只是提速起点，却往往激活成功幻觉，风险投资可以加快规模经营的发展，风险投资也会消磨创始团队的斗志，风险投资还会带来公众焦点的压力，所以说，资本越大，压力更大，机会越大，风险更大，这个江湖很公平。

近年，靠风险投资力挺，分众如日中天，媒体见载的大都是分众如何天文数字融资，如何重拳出击并购，是资本市场给了江南春飞天的翅膀，分众真正的飞天却是靠一笔笔生意实打实做出来的。天下有无数的人在学习分众寻找新媒体的阵地，殊不知分众的核心强悍更在执行，能拉到业务能搞定客户能赚到大钱，才使分众成为盖世帝国。我很佩服江南春，不因为他攥着大把融资得来的钱霸气十足，而是因为他首先是个做广告的大行家，有见识能执行在做事会赚钱，起家时如是，上市后亦如是。如果从另一个角度来看，一直在前线搏杀、做事中的江南春才是最精彩的王者。

再看看周边，这个时代也促生了许多为了拿风投，为了被并购而出生的企业，这是一个危险的信号。其实对于更多的需要融资的中小企业来说，实在没有必要把有限的时间都盯在如何拿到钱，最好是闷声做事，融资的事老是挂在嘴边提很没意思更没意义。即便风险投资看上你，也是不会像爹妈来养你的，而是像老板来用你的，且最终是要靠你赚取更大的回报的。一个企业最大的成功荣耀，不是有水平拿了多少钱，而是有本事赚了多少钱。能赚钱，满世界都会是想进场合作的钱在飘；不能赚钱，融到了钱也终究会吃尽烧光。

今年来，我们能感受到资本市场似乎不再那么活跃和盲动了，判断的眼光早已改变，尤其是在美国次贷危机、美元不断贬值的情况下，他们的投资更加谨慎，更加冷静，在考量模式和市场潜力的同时，更看重团队的执行能力和实际的赢利能力。我相信这会让很多企业处于更冷静的状态。

在我忙忙碌碌加班干活之间，心里很踏实；在我竭尽全力谈成业务之后，心里很得意；在我看着报表算计赢利之时，心里很享受。投资者每一分钟都盯着我呢，我得赚大钱！

发布日期：2007-09-27 发布来源：《浙江大学报》/杭州网

CEO 周晓浙大演讲 共合网追加创新传媒奖学金金额

受浙江大学传媒学院的邀请，2007 年 9 月 27 日，共合网 CEO 周晓到浙江大学紫荆港校区做有关传媒创业主题的演讲，在热烈的交流气氛中，周晓向浙大学子们讲述了共合网的发展经历。

从 2007 年 5 月共合网设立“浙江大学传媒学院创新传媒奖学金”以来，不仅帮助了传媒学院的学生们，同时也促进了传媒业的发展。日前，共合网再次追加了奖学金金额，力图和浙江大学传媒学院的学子们共同发展。

共合网和浙江大学的合作可谓是源远流长。共合网 R&V 理论创立之初就曾得到浙江大学博士生导师陈劲等学术界专家的指导和帮助，此后共合网的发展更一直得到浙江大学多方支持，目前在共合网中也有大量出自浙江大学师门的员工。“浙江大学传媒学院创新传媒奖学金”的设立进一步加强了共合网和浙江大学的紧密联系。

【新闻链接】

首届浙大“共合奖学金”获得者访问香港

继 2007 年 5 月共合网在浙大设立创新传媒奖学金、12 月评出奖学金后，2008 年 1 月 7 日，共合网将携带首届创新传媒一等奖获得者赴香港考察创新传媒。

在为期一周的考察中，行程安排可谓是精彩纷呈。到与时俱进的《文汇报》总部学习创新能力，到具有 50 载传媒氛围的“香港浸会大学”感受传媒盛时的沉稳，到具备国际先进财经资讯服务及解决方案的“财华社”体验一流企业的严谨都是此次考察的主要活动。当然，忙里偷闲之余，也不忘安排到世界著名游乐园——香港迪斯尼公园去走进童话故事王国的梦幻，到全世界最快乐的海洋主题游乐园——香港海洋公园去实现令人乐而忘返的缤纷。

可别以为此次香港考察只需带着眼睛去就行了，在满满5天的行程中，到香港考察的同学更需时时留意、分分留神。考察回杭后，同学将各自完成一篇不少于5000字的有关香港创新传媒的论文，共合网将把论文作为研究香港创新传媒的资料而保存。同时，在5天内完成共合网在香港的市场调查也是一项艰巨的任务。共合网目前正在筹备进军香港市场，考察组将完成一系列对香港广告市场的调查工作。由于5天白天的行程安排紧凑，市场攻坚将在晚上举行。（7—11日具体考察内容敬请留意共合网编辑部发回的考察新闻）

高考“状元”下海记

发布日期：2008-10-04 10：08：08 发布来源：新华网

【编者按】

今天，创新创业的氛围越来越浓厚，大学生创业已不是新鲜事。而在二十年前，大学毕业生下海肯定是新闻，更何况被众人追捧的“状元郎”！

曾有人对1978—1998年间的高考状元做过一个调查，发现大部分状元做了教师，部分从政，下海创业的凤毛麟角。

在采访下海的“状元郎”时，记者感受到他们身上都有浓郁的书生气，有一股执著的钻劲。他们说：“我不是比别人聪明，是比别人用功。”

那么，学业上的成功能带到事业中么？他们的成功路是怎么走出来的？

奇人周晓：三年斩获风投三个 1000 万

前阵子，畅翔科技和共合网同时宣布拿到巨额风投，这已经是共合网拿到的第二轮风险投资，而畅翔成立不到一年。庆功晚会上，这两个商业模式的创造者周晓，站在人群之后，完全无关似的淡淡笑着。“如果没有徐汉杰、林东、郭羽的一起合作，如果没有现在这个市场环境，所有的想法一文不值。”周晓说，他很佩服林东的执行力。

除了畅翔和共合网，2008 年刚创立的易约网商业模式，也出自周晓的脑袋，如今这家公司也已经拿到了巨额风险投资。

很多人不知道，周晓当年也是个“状元”：他考中国美院，专业课全国第一 ——尽管阴错阳差，他最后进入杭州大学；几年后考研，在报考的历史学专业，周晓总分又是全国最高。

青葱校园，得奖专业户

1973 年，5 岁，美术作品出画册。

1975 年，7 岁，全国美术双年展一等奖。

1976 年，8 岁，在刊物上发表了第一篇文章。

1980年，12岁，读文艺班的他，超过全日制学生，成为当年的衢州中考状元。

1982年，14岁，加入衢州市作家协会，是年纪最小的会员。

1985年，17岁，全国书法比赛一等奖，加入中国书法协会。

……

说起周晓的少年时代，周晓爸爸如数家珍："他从小很喜欢看书，上中学时发表了七八十篇小说散文，就为了可以用稿费买书看。可是登着他作品的报纸刊物，各种获奖证书，他总是乱丢乱放不当回事，靠我平时留心保存了一些，几乎有一整箱，可惜迁居杭州时不慎遗失了。"周爸爸说，周晓从小多才多艺，高考时，各种省级以上荣誉加分超过了70分，以至被"限高"。

大学生活轻松愉快，周晓是活跃分子。进大学第一个月，他就传奇般地成为校学生会副主席。他在校首届大学生辩论赛勇夺最佳辩手，四年后全国金融系统辩论赛，又获得全国最佳辩手称号。他表演和编导的话剧，分别得过中国大学生戏剧艺术大奖赛一等奖；他是学校的乒乓球冠军、足球队长和校园霹雳舞星；他为校歌作词谱曲，创办诗社，举办个人书画展；他骑自行车漫游了77个城市；当然，他还是每年一等奖学金获得者、省级优秀毕业生、大学生标兵。

毕业后留校，博学谦和的他是学生们喜欢的偶像级老师。“我非常喜欢校园生活，因为家里三代人都是教师。”

如果一直呆在今天的浙江大学，他如今该过着安逸的教师生活。但一切发生了 180 度大转弯。

风华青年，欠了 40 万元债

1994 年，报考历史学研究生取得总分第一的成绩，周晓得意地说：“除了外语，其他科目基本满分。”

读研究生有自己的时间，周晓四处找事做。可帮朋友做期货时，他下错单，亏了 28 万元。为了还钱，周晓开始研究期货，自己筹资，辉煌时也赚了近百万。这在当时已经是天文数字。可他没有见好就收，最终所有钱都赔光，还欠了 40 多万元。

“我承诺会还清所有欠账。”没来得及拿到硕士学位，周晓退学了。

1996 年，周晓离开杭州，只身前往上海闯荡，举目无亲，一身债务。“第一份工是每天半夜到上海马路上画斑马线，因为没钱，跟 7 个民工一起住工棚。那个夏天特别热。”

后来帮别人卖钢材，有一天，一个陌生人打进电话买钢材，因为要的量实在太少，这个人已经遭遇了无数次拒绝。周晓没有挂电话，他骑车从徐家汇到浦东来回跑了两趟给对方送货，感动了这个陌生人。了解到周晓的窘境，这个人给他 20 万元做成本，支持周晓自己创业。有 20 万元做资本，周晓陆续办过影视公司、广告公司、网络公司。三年后，周晓回到杭州，连本带利还清了所有债务。

不惑之年，成为 IT 奇人

2006 年，在好友徐汉杰的推荐下，周晓投资加盟共合网并成为创始股东之一，当时，共合网还没找到自己的赢利模式。周晓加入后，当年底，共合网的商业模式吸引了软银、鼎晖携手投资 1000 万元。

2007 年，周晓和共合网另一投资人、绿盛集团董事长林东交谈时获得灵感，策划了畅翔网的商业模式。畅翔网迅速发展，从公司成立到拿到 1000 万元巨额风投又不足一年。

2008 年，周晓又创办了易约网商业模式，成立不到 6 个月就异军突起，拿到千万元风险投资，正在飞速成长。

“铁人、神仙”，共合网不少员工私下里如此评价周晓：做事如拼命三郎，经常通宵达旦，几乎所有策划案都亲自写，不断完善共合网商业模式，还要亲自去做市场。很多熟悉他的朋友都说他是“奇人”，他却说自己生活简单得不能再简单，除了工作，就是看书。

因为创建的几个商业模式都取得了成功，周晓在圈内的名气越来越大。周晓却说，他最喜欢的职业依旧是大学教师。“经商只是人生注定要走的一个路程，我现在正好在路上罢了。”

发布日期：2007-06-16 发布来源：《行报》

共合庄——公园里摆北斗阵 你哪个单位的?

如果没有“仙人”指路，很难找到共合网的办公楼，因为这个办公楼，“隐藏”在位于丽水路石祥路口的北星公园内。

丽水路原本就是一条断头路，无法通向石祥路，平时几乎没有车辆经过这里。就在感觉无路可走的时候，会看见刻有“北星公园”字样的石头，边上有条道可以走入公园，翻过一座石桥，会看见一个像古代大户人家大院那样的大门。

如果不是移动玻璃门透露出一丝与一般公园不同的气质，我们一定以为这是一个景色不错的公园。走入大门，马上被里面的景色所吸引：黑瓦白墙间，古色古香的楼阁，典型的具有古代建筑形态的草亭……确切地说，如果这里是一个公园，并不会让人啧啧称赞，可是，当你知道这里是一个办公室的时候，会立刻对在这里上班的人感到无比的羡慕。

租用公园作为办公楼，这一做法确实让很多人感到惊叹。以每年 100 万高昂租金作为基础所体现出的无限创意，如此大手笔的背后，自然是高层的魄力与一定的经济实力。共合网的几大股东，绿盛集团董事长林东、天畅网络科技有限公司总裁郭羽、联梦娱乐创办人及首席执行官徐汉杰……个个都是有来头的人物。

共合网的办公楼，有个很武侠的名字，叫做“共合庄”。共合庄共有 5 幢房子，分别是 5 个不同的部门，可是，每一个部门门口，都没有挂有部门名称的牌子，而是“开阳堂、玉衡阁、天枢楼、天璇轩、天玑苑”这样的牌子，对第一次去共合庄的人来说，确实挺无所适从的。

原来，共合庄的布局，暗藏玄机。在共合庄的东面，还有一个共合会，共合会内有两幢房子，加上共合庄内的 5 幢房子，刚好是北斗七星的布阵。于是，北斗七星的名字，便成了每幢房子的名字。

古人认为北斗七星各有所指，于是，根据北斗的意义，每幢楼都对应相应的管理部门。比如代表超脱意义的“天枢”楼，就作为董事会办公室；而楼高最高的“天璇轩”就是 CEO 的办公室，开阳堂是市场楼，玉衡阁是商务楼，天玑苑则是行政楼。

奢侈的办公选址，内部装修却相当简单，几乎保留了“公园”的原始形态，只是在每一个办公室加入了一些木桌子和木椅子。就像在 CEO 周晓的办公室，只有一排柜子和一张桌子，而桌椅都是周晓自己设计的。办公室内最贵的是一套 3 万元的沙发，是周晓从自己家里搬来的，这套沙发是给来宾坐的，出于对客人的尊重所以要用好点。就连在董事会的办公室里，选用的也不过是藤做的家具，高层们希望用“特有的简练”来体现公司的高效率。

要说共合庄内最大的一笔投资，或许就是绿化。高层们根据自己的爱好，几乎把三分之一的花费用在了种花种草上，共合庄内漂亮的绿化，都是后来的杰作。在共合庄内，有一扇消防通道门，可以通向后花园，这是一个用篱笆简单隔起来的后花园，坐在后花园内，可以看见最自然的运河景象，夕阳西下，看着许多船只停靠在运河边，很美……

周日的傍晚，共合网的 CEO 周晓穿着他最喜欢的休闲服，出现在共合庄内。坐在露天的休息椅上，周晓显得特别放松。他说，其实共合网刚创业的时候，环境非常艰苦，十几个人挤在一张长桌子上工作。这一次，如此大手笔投资这样一个办公楼，除了他们希望这个共合网的管理创意中心将来可以成为中国的总部，还有很大一个原因是因为几个高层都觉得“环境是无价之宝，是企业不可分割的一部分，一个好的环境可以激发员工的激情”，他们希望在这里工作的每个人将来都可以独当一面，一个大气的环境能给员工一片海阔天空，给他们一个自由的心灵。周晓还开玩笑说，自从搬到这里，员工之间的恋爱几率也增加了，因为每次休息时间，员工总是可以很轻松地在花园里散步。

CEO 周晓说，这个办公室说是公园，其实也没错，因为很多人都会进来参观。“我们很多员工也很自豪，总是带朋友来参观。对此，我们从来不拒绝，因为，独乐乐，不如众乐乐。”

【新闻链接】

共合网当选为杭州生活品质“年度区块”

（发布日期：2008-03-31 发布来源：《浙江在线》）

2008 年 3 月 28 日，在一年一度的“杭州城市生活品质年度点评活动”中，共合网以其成功的创新理念和中国都市商业圈第一媒体的新锐姿态，当选为杭州生活品质“年度区块”。

杭州正在打造“生活品质之城”，而由杭州市城市品牌促进会、杭州生活品质研讨组群和杭州市发展研究中心等主办的“杭州城市生活品质年度点评活动”，每年都评出前一年杭州在生活品质方面最具代表性的人和事，已成为杭州的生活品质年度盛典。今年的点评活动揭晓仪式，由杭州电视台影视频道直播。

今年，浙江省博物馆主办的“庞贝展”、余杭良渚文化古城遗址的发现等，与共合网一起分别当选年度活动、年度事件等。

发布日期：2006-11-02 发布来源：《都市快报》

用一台电脑，借一个网站，献一分孝心
——春晖堂感恩活动启动了

为人子女，若有心，请加入本次爱心行动——用一台电脑，借一个网站，捧一片亲情，献一分孝心，让父母可以通过视频与子女亲朋好好聊聊天，让父母可以随意点开多年一直钟爱的电影戏曲，让父母可以足不出户浏览国内外的风景名胜，让父母可以轻松自如地阅读一批常用网站。看着父母开怀的笑脸，那是我们做儿女最大的快乐。

《都市快报》、绿盛集团联合发起“春晖堂”感恩活动，旨在感激父母的养育之情，帮助父母走出空巢家庭的孤独，领略网络时代的精彩。

缘　起

母亲得老年痴呆，父亲近 70 岁时学做饭，照顾母亲 15 载。

儿子建起一个网站，只为增加父亲的幸福指数。

有些话想说就要马上说，有些事想做就要尽快做。

春晖堂是一个体现天伦之乐、表达亲情孝心的个人网站，也是一个专为老年人定做，帮助老人轻松用电脑上网的网站。它需要子女为长辈安装设置，由子女为父母注册登录。

感恩活动一：建一个亲情网站，你自己就是最好的奖品

为父母配置一台普通电脑和摄像头、耳麦等配件，设置开机即上网、登陆 QQ，同时将“春晖堂”网站设置为电脑的上网首页。春晖堂网站的网址为：www.ilovemyfathermatherforever.com，中文域名为：我爱我的父亲母亲天长地久。

这项活动我们不设奖品，你自己就是最好的奖品，奖给你的父母！试想：当你父母每天打开电脑，子女

的一句“我爱我的父亲母亲天长地久”就跃入眼帘，等于你每天给父母一个最为美丽的问候，这个奖品，很重了！

感恩活动二：教会父母用电脑，用网络共享天伦之乐

第一，你已经为父母配置好一台普通电脑和摄像头、耳麦等配件；

第二步，设置开机即上网、登陆QQ，将春晖堂网站设置为上网首页；

第三步，从“春晖堂”网站下载安装调试好所有应用功能，并为你父母申请了QQ加入“春晖堂QQ群”；

第四步，教会父母开机、上网和使用春晖堂网站的各个功能。

完成这四项任务，你有机会获赠绿盛“农夫与海”礼包一份和价值200元的礼物，本项奖励限赠前500位参与者。

感恩活动三：追述亲情时光，亲情故事征文活动

回想起牙牙学语时母亲关爱的目光，面对着匆匆回

家时父亲期盼的神情，身在远方或深夜心中蓦然浮现父母慈祥的身影，多少感人的故事从记忆中流淌，多少亲情的时光在年轮里隽永。

绿盛集团举办亲情故事征文活动，故事长短不限，题材不限，体裁不限，要求是真实的、感人的和关于亲情的。绿盛集团将设立评审组，评出亲情佳作，具体奖项详见版面下方的奖项栏。

征文截稿时间：2006 年 11 月 9 日

征文投递方式：亲情美文请发送至邮箱 cht_chunhuitang@163.com

亲情咨询电话：0571-87830969

用最少步骤，实现最简上网。春晖堂为老人定做，为老人着想

春晖堂是一个体现天伦之乐、表达亲情孝心的网站。这是专为老一辈人定做的上网入口。春晖堂的特点是简单易用，力求用最少的步骤，实现最简单的上网。

春晖堂有两个心愿：第一，希望让老人通过这个网站，可以用电脑、上网络、接触缤纷世界、充实幸福生活；第二，希望为人子女者，通过这个网站为自己的父母尽一份孝心，让每个家庭亲情依依，快乐融融。

春晖堂寄语父母，先练练手，学会使用鼠标

使用春晖堂网站，需要两个条件：第一，您需要在子女帮助下对电脑进行一些必要的安装设置；第二，您需要先练一下，学会使用鼠标。在以下“春晖堂寄语子女”部分，我们会提醒您的子女协助。

春晖堂有四个栏目的内容：一是名胜博览栏目，内有一批国内和国外景点名胜的图文介绍；二是文化欣赏栏目，内有一批经典电影、戏剧曲艺、诗词文章、名人名画供您观看欣赏；三是网络世界栏目，内有一批推荐网站和常用生活网站，还有您儿女为您写的博客文章，还包括常用亲友电话号码，经常联系的医院、银行、老年俱乐部等；四是天伦之乐栏目，这是一个特别的亲情聊天室，您可以通过这里完全免费地与子女、亲友、同学、战友、同事及新老朋友进行可视对话聊天，您需要通过您的子女帮您事先加入特定的 QQ 群。

春晖堂会不断更新增加内容，也会阶段性调整修正。

春晖堂寄语子女，手把手地教会老人，尽孝即时启动

春晖堂这个网站技术上毫无新奇之处，各种所谓自

动功能都是需要子女为父母一一预先安装好的，还要手把手地教会家中老人。网站功能还会改进，尽孝却要即时启动了。

春晖堂特意注册了一个超长域名：www.ilovemyfathermotherforever.com，中文域名是：我爱我的爸爸妈妈天长地久。网址虽长，但我们做儿女的都要记住这句话。春晖堂需要由子女为父母注册登录，并设为上网首页，即等于子女天天向父母表达关怀爱意；父母每天上网，等于每天听到儿女的心声。

春晖堂首页右边有六个亲情按钮：一是“设为上网首页”，点击即将本网站设为开机首页；二是“网站各项下载”，内有各种本网站正常使用需要的所有下载；三是“亲情开通提醒”，希望和您的QQ连接，这样您父母一上网，您就能知道；四是“亲情美文共赏”，将在本次征文结束后放进本栏，您也可选择部分放入您的博客；五是亲情人工热线，您若有任何使用不便或不明白之处，欢迎和春晖堂的工作人员进行电话联系。

【新闻链接】

春晖亲情感人，敬老蔚然成风

（发布日期：2006-11-09 发布来源：《都市快报》）

1月2日，《都市快报》刊出《春晖堂感恩活动》一文后，如一石激起千层浪。春晖堂网站当日流量超过万人，并已有数百名固定用户实现注册应用。网站创办人四郎的亲情热线全天爆满。甚至有读者致电报社，说是打不进电话要求报社代为联系，网站为此发布通告并紧急增设专线。网站现已收到近百篇诚挚感人的亲情美文。《宁波晚报》、《温州商报》等各地媒体纷纷转载了《春晖堂感恩活动》一文，并进行了系列追踪报道。全国多家网络新闻和论坛也争相报道——春晖亲情感人，敬老蔚然成风。

春晖堂，一个简简单单的纯个人网站，奇迹般地在社会上掀起了巨大的反响。

春晖堂网站的建立，凝聚了其发起人四郎的心血、感情以及他的心愿——以给老一辈人上网提供便利为宗旨，个人创办需要全社会支持的非营利性网站。现在杭州某知名网站任职的四郎早年毕业于浙江大学。四郎说自己只是一个普通人，“认真做事，本分处世，生活简单，常怀感恩之心，素愿善良行孝”。

常怀感恩之心。春晖堂网站的背后，还有一个支持者——绿盛集团，它资助春晖堂网站的开支费用，并发起了一系列感恩活动：绿盛集团的负责人林东先生也是本着一颗感恩之心来做这些事的。林先生很低调，也不善言语。但林先生有一句话让人留下极深的印象，他说，怀着一颗感恩的心，这是和谐之源。

在这里，我们采集了几则小故事，这些小故事很生动，这些小故事也很真实。通过绿盛集团春晖堂感恩活动，很多普通人的事，很多普通儿女、普通老人的事，感动着我们，也感动着社会。

儿女说一定要教会我上网

春晖堂亲情故事征文活动见报后，第一个回复者来自一个有着感人故事的家庭。家住上城区小米巷的谈景霞老妈妈第一个打进亲情热线，她还不太会用电子邮件，所以用书信方式联系四郎。

谈妈妈是工商银行的退休干部，老伴患了老年痴呆症并且中风瘫痪在床，所幸儿孙孝顺，家和万事兴。在信中，谈妈妈写道："看到绿盛集团发起春晖堂感恩活动，女儿、儿子都打电话回来，叫我好好看看这篇报道，并表示他们一定要教会我上网和使用春晖堂网站的各种功能。"谈妈妈说，"我真的很高兴。实实在在孝顺老人，不能忽视老人的精神需要。我从来没有碰过电脑，但我有决心学会。"

一个操作简单的网站，一个关于亲情的活动，让多少像谈妈妈这样的老人从此拥有一个崭新的网络生活，老年生活不再是一种颜色。

让老人真正无障碍网络视屏聊天

王先生是一位德国“海归”网络精英，拥有专业的网络视屏技术，也拥有诚挚的慈善之心。他创办的秀客网是一个拥有优秀市场和良好社会影响力的网络电视台。春晖堂感恩活动深深打动了王先生。王先生与四郎会晤。

王先生提到春晖堂拥有非常优秀的网络功能创意，秀客网拥有国内领先的一流视屏技术。“让秀客来为春晖堂无偿定制一个天伦之乐视屏系统，使老人在春晖堂真正实现无障碍的网络视屏聊天。”王先生说，秀客和春晖堂一样，拥有对社会的感恩回报之心。

只要有一颗爱心就能成为亲情征文评委

上周日，亲情佳话连环上演。龚礼铭女士是一个不平凡的姐姐。她的弟弟龚礼钢是位聋哑人，为抓一个小偷而造成终身半身瘫痪与癫痫。小偷系精神病患者，有关部门最终为他颁发了见义勇为的奖励。照顾龚先生的生活并为他四处奔波的事落在了姐姐龚礼铭的身上。

四郎热情地邀请龚女士担任亲情征文活动的评委。他对记者说：“这次我们聘请的亲情美文征集活动评委，不是名流和专家，我们选择评委的主要条件，是要拥有一颗爱心，唯有真情者才能读懂真情。”

真情呼应，又有多少真情深藏其中。我们期待本次亲情征文活动带动一场特别的社会真情大展现。

作文解读
——《天生我才不想用》创作说明

2010-05-21 02：18：00｜By：周晓｜From：〖新浪网〗雨夜飞车的博客

《天生我才不想用》选自周晓在 2007 年 7 月至 2008 年年底的一年半里在共合网博客中拼凑的 52 篇文章，但是文章内容笔触所跨越的年代却从 1989 年到 2009 年共二十年。这期间，世界变了，人也变了。当时少年明白了很多事情，不惑书生依然有更多困惑。本书以《不是我不明白》为开篇词，一个原因是岁月如歌而逝，心绪常有慌张；另一个原因是依然喜爱崔健，依然怀念 1989 年。

我本非演艺界自恋之徒，也没有太多酸儒弄文嗜好，小时候极不爱写日记，现在也认为开博者多有病态。2007 年 7 月，共合网开通不久，为了给网站添点人气，我才开始写点功利的博客，动机就是为网站携裹点击率，写了一年半左右差不多一百七八十篇，最多时博客有三四十万访问量。2009 年元旦后我想应该够了，后来慢慢也就不写了。

本选集的文章均是从我的博客中拼凑出来的。选文章的时候自己制定了三大纪律和八项注意。三大纪律是：不涉及政治、不卖弄知识、不暴露隐私；八项注意是：抄袭嫌疑的去掉（如《月亮》系列）、不知所云的去掉（如《枯荣本尘》）、杀伤面太大的去掉（如《共合网女生抓狼秘诀》）、针对性太强的去掉（如《CEO 这个行当》）、吹得太美的去掉（如《我的一百个一等奖》）、显得太傻的去掉（如《说时依旧》）、粗糙偏激的去掉（如《宁由率性不做完人》）、太娘娘腔的去掉（如《最天使》）……本来以为我起码能挑出 100 篇的，但是当时四分之三以上的文章都是胡写充数而已，去掉各种拿不出手的，只有 52 篇，硬要集到 100 篇整数当然也可以，但是就没意思了，舍不得勉强自己。后来找了一些青涩时代的老照片、大学同学的毕业留言什么的才把这本书撑厚。

有几篇写得实在不错，我自己也当范文经常发给别人看；有几篇真是动了情写的，感动得自己睡不着到阳台上吹风；有几篇其实是十几年前的无病呻吟，自己怀旧臭美而已；有几篇其实是工作中的应题之作，一不小心写成美文了；有时也披个“韩寒2”和“宁才神”什么的貌似名人的马甲钻到有些坛上灌水添乱；经常会写好了又改来改去最后只保留了一个题目，内容完全变成了另一篇；很多文字也有大段抄袭网文和偷取别人创意的嫌疑，自己也弄不清出处了，只好统一在这里道个歉认个罪吧，有人追究我愿认罚；甚至有文章上传几天自己看看心虚又不声不响撤了，大多数文章有个很好的构思却没有好好写细，一大批文章写了提纲过了瘾也就废着养老了……

这里要特别介绍一篇神文《2008年的最后一天》，里面提到“看了本日本电影《我的女朋友是机器人》”。此文影响甚大，起初很多人说我瞎编了一本穿越电影，后来又有很多人说我博客时间标错了整整一年。后来我只好把文章题目改成《2009年的最后一天》——因为这本电影是2009年才公映的。何以我能在网上提前看到，记住了情节感动得不行还写进了博客，我也不知道，所以纳闷。

世间事大抵没有什么道理，就和刘著的声线一样很来历不明，还很不可理喻。本书就是试图展现一个普通人在一个大时代的几组真实微镜头。不经意转身，看一眼昨天，用一本书记录一个小人物过去二十年里的一些生命痕迹，确有意思；然而，明天终归还是会有更多变数的，以后的日子会怎么过，还想不想赚点真金白银，还能不能留点赤子之心，还会不会写点怡情文章，思之只能茫然。

是的，关于未来，无法先知。

周 晓

2010 年 5 月 20 日于温哥华列治文市

本书不卖

——《天生我才不想用》篇外寄语

2010–05–19 02：18：00 | By：周晓 | From：【新浪网】雨夜飞车的博客

本书不卖的第一个原因：

《天生我才不想用》是周晓写给自己看的书，相当于一本私人日记。很多章节都需要结合一些不能广而告之的故事情节背景，认识周晓的人方可品味，了解情节的人更当会心；因此生怕用心良苦的周晓写得荡气回肠，素昧平生的读者觉得索然无趣。本书不卖钱，您最多看不下去扔掉，赔点时间不算太吃亏。

本书不卖的第二个原因：

《天生我才不想用》是一介书生的游戏之作，相当于一本随笔作文。鉴于周晓在博客界和名流界均无建树，自谦物议不敢妄为著述。所以甘愿作为读者购买他山玉作时附带的一份小小纪念品。这正如看电影搭看公益贴片，逛景点不妨带些地方特产。本书不卖钱，您要的话不胜荣幸，不过您需先买本别的书。

本书不卖的第三个原因：

《天生我才不想用》是周晓渴望分享的作品，相当于一本心情自白。周晓另有收入足可度日，不须更不愿卖书赚钱。按周晓的意思，读者看他的书就是看得起他，肯认真看完就算是神交的朋友了，周晓其实是恨不得给喜欢看的读者发钱表示谢意的。本书不卖钱，您喜欢此书请为寒门学子解囊相助捐点款。

【留言】

因商业社会自有成熟游戏规则，经与出版社沟通，了解了一些图书发行知识，得知中国的正式出版物必须明码标价，因此本书上市不可无价，不是我想不卖就可以不卖的。我能做到的最浪漫的事就是尽量降低本书的定价。相对我的初衷这是一种无奈，相对市场规范这是一个好事。

不管怎样，本书还是要有劳读者花钱买，不好意思，让您破费了。在这里我还要郑重承诺两条：一、凡购买本书者在三个月内随时可以无条件退货，请将原书和购书发票一并寄到文汇出版社，由作者周晓照购买价回购退款。二、凡本书销售所得，除去出版发行销售单位应收的必要开支费用和国家法定应缴税费，周晓个人决意分文不取，将以母亲孔庆坤的名义如数捐给“中国教育发展基金会”。

上述两点，君子一诺，说到做到，决不食言。

2008-04-13 13：30：00 | By：周晓 | From：【共合网】慕容复的博客

嘉靖传奇

——谨以此文代为后记

素心如烟的前朝婉转五百年

素色如水在深宫轻柔五百年

素问无痕五百年袭一声浅叹

有所思　风拂水云渡南天

金匮难藏清香意绽放花满帘

蓦然惜别紫禁宫掬一瓣明黄

你的笑无邪依然，玲珑在心相约的方向

红尘里说嘉靖，悬壶着神往

随风细细思量，犹在往事旁
在天涯向北望风带来的记忆，恰似你的传世美丽

红尘近嘉靖远，传说正消散
一笑微露皓齿，花落为谁痴
为前生的四月天点点点心仪，你守护纯净

【跋记】

这是一首歌词。

这首歌词是2008年4月为朋友高政代理的“片仔癀”牙膏产品写的广告歌词。“片仔癀”传自1555年大明嘉靖年间的宫廷秘方，后由宦官携方南传福建民间，是清凉解毒的神奇药物，“片仔癀”牙膏产品有养生解毒护理的独特功效。“片仔癀”也是和“云南白药”齐名的中华老字号医药上市公司。

这首歌词是仿照方文山“青花瓷”的格调写的，据说世人很欣赏他的歌词功力。懒得重新创作谱曲，可以用周杰伦《青花瓷》的调子唱出来。方文山式歌词无非是瞎凑一些优美的词，加一些专有名词，混搭历史、文化、词牌的元素，只要有兴致或者够无聊，这种类型的歌词我一天可以写50首。

常想象如我这样的人，应该生活在明朝弘治年间，做一个书生，守几亩薄田。对明朝中叶有莫名其妙的神往。

这是一篇自白。

大地厨房
In The Beginning
But Now Right Here
Earth Kitchen Stands Out From The Fire
Like A Phoenix
With All The Blessing And Love
烧掉了原有的
和所有过去
带着所有的祝福和爱
一考场
01448

小商品市場

TAXI

图书在版编目（CIP）数据

天生我才不想用/周晓著.—上海：文汇出版社，2011.1

ISBN 978-7-5496-0094-6

Ⅰ.①天… Ⅱ.①周… Ⅲ.①周晓—自传 Ⅳ.①K826.16

中国版本图书馆CIP数据核字（2010）第258949号

天生我才不想用

著作权人 / 周　晓
责任编辑 / 吴　斐
装帧设计 / 周　丹
封面题词 / 周幼源

出版发行 / **文匯**出版社
上海市威海路755号
（邮政编码200041）
印刷装订 / 无锡市长江商务印刷有限公司
版　　次 / 2011年1月第1版
印　　次 / 2011年1月第1次印刷
开　　本 / 787×1092　1/16
印　　张 / 27.5
字　　数 / 140千

ISBN 978-7-5496-0094-6
定　　价 / 68.00元